백정선과 손우철이 제안하는

행복한
부자되기

백정선과 손우철이 제안하는

행복한
부자되기

재무 주치의 **백정선 · 손우철 지음**

 프로빙스

○ 저자약력

백정선 대표이사

중앙대학교 회계학과 졸업
동양종합금융-그룹 근무
미국 National Planning Holdings 연수
현 ㈜TNV 어드바이저 대표이사
현 중앙대학교 경제학과 겸임교수, 단국대학교 경영대학원 겸임교수
현 금융연수원 교수(재무설계, 은퇴설계)
금융신지식인(1999년)

저서 : 금융신지식인 / 스타재테크

• 방송활동

MBC TV	'경제매거진 M'출연중
KBS TV	'아침마당'(08년 1월 10일), '세상의 아침' '경제포커스' '생방송 오늘' 출연
KBS 라디오	성기영의 경제투데이,'성공예감', '경제포커스', '초저녁쇼'출연
MBC TV	'경제매거진 M', '생방송 오늘', '뉴스와 경제' 출연
SBS TV	'김미화의 U'(4회 출연), '체인지업 가계부'고정,
SBS 라디오	'정석문의 섹션라디오' 고정
EBS TV	'살림의 여왕', '사천만의 경제'
EBS 라디오	'속시원한 라디오', '행복한라디오' 고정
TBS TV	'백정선의 모닝경제학'고정출연
TBS 라디오	'생활경제', '서울전망대' 고정출연
MBN TV	'달콤한 부자', '경제나침반 180'
MBN 라디오	'라이브 경제투데이'
YTN TV	' 뉴스Q'고정
YTN 라디오	'생생경제' 고정
MTN TV	'싱싱가계부' 고정 출연중

• 신문기고

매일경제신문	'재테크 상담'코너 상담전문위원 기고
매경이코노미	'스타재테크'기고, '금융-재테크' 칼럼 기고
조선일보	행복플러스 '백정선의 가계부'고정기고
한경비지니스	'재무설계코너' 고정기고
한경머니	'인생플랜과 펀드투자'고정 기고
한겨레신문	'은퇴플랜' 칼럼기고, 이코노미21 '금융-재테크'칼럼기고
빛과 소금	'백정선의 금융 Q&A' 고정기고
신한은행 VIP 잡지	'클럽 리슈' 은퇴설계 고정 기고
웰스매니지먼트	'재무설계' 기고
이코노미플러스	'펀드투자와 재무' 기고
스탁데일리	'은퇴설계와 투자' 기고

손우철 팀장

서울대학교 졸업
공군 학사장교 105기
메트라이프생명 근무
단국대학교 CEO과정 자산관리분야 출강
연세대학교 사회복지학과 노인학 출강
JA코리아 청소년 금융교육 교사
경찰종합학교 교수
지방행정연수원 교수
현 ㈜TNV 어드바이저 마케팅팀장
시사매거진 선정 '2008년 파이낸셜컨설팅 리더'

• 방송활동

YTN 라디오	'생생 재테크'출연중
MBC TV	'경제매거진 M'출연
KBS 라디오	'성기영의 경제투데이'
KBS 라디오	'네시엔' 출연
SBS 라디오	'정석문의 섹션라디오'출연
TBS TV	'출발 모닝쇼'출연
이데일리 TV	'생방송 머니플러스'출연
MBN 라디오	'라이브 경제투데이'출연
MBN 라디오	'경제 IQ를 높여라' 출연
부동산 TV	'10억 클럽 가입하기'출연
MTN TV	'뻔뻔한 점심' 출연

• 신문기고

머니투데이	'손우철의 현명한 재무설계'코너 상담전문위원 기고 중
광주일보	'손우철의 행복한 부자되기' 코너 기고 및 광주일보 자문위원
머니위크	'재무설계코너'기고 및 자문위원
조선일보 행복플러스	'재무설계코너'기고 및 자문위원
비즈플레이스	'재무상담 Q&A'기고
미즈앤	'계층별 재무설계사례'기고
인천일보	'재무설계코너' 기고
제민일보	'재무설계코너'기고
이코너미플러스	'여성의 재무설계 코너' 기고 및 자문위원
에셋플러스	'펀드 투자 기법' 기고
KT&G 사내지	'급여생활자의 자산형성전략' 기고
포스코특수강 사내지	'근로자 재무설계 사례' 기고

2000년부터 사람들에게 재테크에 대한 강의를 시작하고, 방송도 그 무렵부터 했던 것 같다. 그러니까 10여년을 재테크에 대한 강의도 하고, 방송도 해왔던 것인데.. 재테크에 대한 책을 낸다는 것은 생각을 못했던 것 같다. 아니 책으로 출간하기에 부끄러울 정도의 얕은 지식만을 가지고 있기 때문이기도 하다. 그래서 이번에도 책을 내는 것을 무척 망설였다. 이미 많은 사람들이 재테크 책을 내놓고 있는데.. 재테크 책이 홍수라고 할 수 있을 정도로 많은 상황에서 나도 뛰어드는 것이 의미가 있나 하는 생각이 드는 것도 사실이다.

그렇지만 지금까지 10만명이 넘는 사람들에게 강의하고, 그들과 상담하면서 의외로 금융에 대한 문맹이 많고, 재테크라고 하는 것을 고수익을 거둘 수 있는 비법정도로 아는 사람들이 많다는 사실을 목격하게 되었다. 적어도 이 정도의 재무상식과 금융은 알아야 한다는 생각으로 책을 내보기로 결심했다.

결심을 굳히게 된 계기는 kbs라디오 '성기영의 경제투데이', sbs라디오 '정석문의 섹션 라디오', tbs tv '출발모닝쇼', ytn라디오 '생생경제' 등의 6개월이상 재테크코너를 출연한 것과 ebs tv '살림의 여왕'에서의 6번의 특강을 통해 아이템별로 정리할 수 있는 기회도 얻었기 때문이다.

또한 기업체나 군부대 등에서 강의를 하고 나면, 정리된 내용에 목말라하는 분들을 보면서 졸작이라도 정리해서 이 분의 갈급함을 채우는 것이 필요할 것 같다는 생각이 이런 결심을 더욱 굳게 했다.

가난한 사람이 부자가 되기가 쉽지않지만 조금만 재무적인 관리를 하면, 얼마든지 행복한 부자가 될 수 있다는 사실을 나는 수없이 목격했다. 필자인 나도 대학을 졸업할 때까지 책상도 하나 없어 밥상으로 책상을 삼아 공부할 만큼 가난한 집안에서 자랐지만 결심하고 인생에 대한 계획을 세우는 등의 돈이 모아지는 시스템. 즉, 재무관리시스템을 만들고 나면 달라지는 사실을 직접 체험한 바 있고, 이를 위해서 금융문맹에서 벗어나는 것이 가장 중요하다고 생각하게 되었다. 이 책은 부자들을 위한 책은 아니다. 또한 대박을 맛볼 수 있도록 안내하는 책도 아니다. 단지 행복한 부자를 꿈꾸는 사람들에게 필요하다고 생각해서 출판하게 된 책이다.

행복한 재무관리를 위해서는 금융도 알아야 하고, 투자, 부동산, 보험, 연금 등도 알아야 하고, 신용관리에 대해서도 기본은 알아야 한다. 이 책은 그런 기본을 알려주는 책이다. 상담했던 사례를 보여주어서 개인이 자신의 상황을 정리해볼 수 있는 방안도 제시했다. 물론 이걸 종합하고, 실행하기 위해서 훌륭한 재무설계사를 만나 그들의 도움을 받는 것도 중요하다는 것은 두말할 필요가 없다. 이 책의 기본을 읽어보고, 재무설계사를 만난다면 훨씬 효율적인 도움을 받을 수 있을 것이라 확신한다.

부디 이 책이 큰 부자는 아니어도 행복한 부자가 되기를 희망하는 분들에게 좋은 참고서가 되었으면 한다. 길라잡이가 될만큼 훌륭한 책은 되지못하기에 작은 도움이라도 되기를 희망해본다.

이 책을 내면서 개인적으로 용기와 힘이 되어준 친구들 신한은행 서춘수지점장과 하나은행 김성엽부장, 매경이코노미 이제경박사에게 감사의 마음을 전한다. 또한 이 책을 편집하고 다듬고 노력해준 공동저자 손우철지점장에게도 진심으로 감사의 마음을 전한다.

삶의 용기를 주신 최병오회장님, 김영호선생님, 김영근원장님, 김인화원장님부부, 부스러기사랑나눔회 이사님들과 가족들, 힘들지만 용기를 내고 있는 정태욱사장 등 수많은 고객님들에게 감사의 마음을 전한다. 이 책이 발간될 수 있도록 애써주신 도서출판 프로방스 대표이사님을 비롯해서 가족들에게 감사한다.

무엇보다 어리석은 나를 지금까지 인도하신 하나님께 감사한다. 또한 대표이사인 내게 용기를 잃지 않도록 도와준 (주)TNV어드바이져 FA들과 모든 직원들 그리고 나의 사랑하는 가족(아내와 두 딸)에게 가장 큰 감사의 마음으로 전한다.

2010년 10월의 마지막 날
대치동 사무실에서... 공동저자 백정선

|추 천 사|

많은 사람들이 부자가 되기 위하여 노력한다. 처음에는 졸라매어 종자돈을 모으고, 투자 기회를 따져 보며 고민하다가, 투자 후에는 마음을 졸이고, 그러다가 잃고 탄식하며, 좀 벌어도 여전히 만족스럽지 않다. 우리는 얼마 안 되는 돈을 모으기 위하여 평생 동안 이러한 과정을 반복한다. 그렇기에 부를 형성하여 나가는 과정이 그다지 행복하지 않다.

부자가 되면 행복해질까? 별로 그렇지 않은 듯하다. 부자가 되면 더욱 번거로워 지는 경우가 많다. 그렇기에 '천석꾼은 천 가지 걱정, 만석꾼은 만 가지 걱정'이라지 않는가?

돈을 모으는 것이 우리의 행복을 위할진대, 부자가 되면 행복하여야 하고, 모으는 과정도 행복하여야 하는 것이 아닌가? "행복한 부자 되기" 이 책은 이에 대한 행복한 답을 주려 노력하고 있다. 돈을 모으되, 행복하게 돈을 모으고, 모은 돈을 관리하되, 행복하게 관리하자는 것이다.

이제까지는 소위 "재테크" 분야의 책들은 "머니 머니해도 머니(money)가 최고다"하는 식으로 무작정 많이 버는 데에 치중하여 왔다. 이러한 방법들을 따른다고 돈이 벌리는 것은 아니다. 오히려 균형감을 상실하여 실패하는 경우를 자주 보아왔다.

"행복한 부자 되기"는 돈을 많이 버는 것만이 중요한 것이 아니라, 그 과정에서 균형감을 가지고 체계적으로 접근하여야 함을 강조하고 있다. 체계적인 재무관리를 강조하며, 신용, 투자, 부동산, 보험을 알기 쉽게 문답식으로 설명하고 있다.

이제까지 대부분의 책들이 서술적이어서 좀 모호하였던 반면, 이 책은 우리가 궁금한 사항들을 문답식으로 깔끔하게 설명하고 있다. 예를 들어, 사회초년생의 재무관리원칙으로 첫째, 저축금액을 늘리고 저축과 투자를 성향에 따라 적절히 분산하라. 둘째, 청약통장에 가입하라. 얼마나 명료한가?

본인과 백정선 사장은 오래전부터 교제하여 왔다. 나도 회계학을 전공하였지만, 수시로 투자와 재정 관리에 대하여 질문할 때, 백사장은 항상 명료하고 구체적으로 답을 주되, 흔들리지 않는 기본 철학을 바탕으로 하고 있었다. 그렇기에 조언을 듣고 투자하여 손실을 보는 경우도 가끔 있었지만, 백사장에 대한 신뢰는 조금도 흔들리지 않고 있다.

이 "행복한 부자 되기"에서도 제기된 수많은 질문에 일일이 답하고 있지만, 이 모든 답들이 일관성을 가지고 이루어져 있다. 이 책은 30년 동안 백정선 사장이 고객들을 만나고 상담하면서 축적된 비결이 녹아 있다. 이러한 비결을 한 권의 책을 통하여 일목요연하게 배운다는 것은 이 또한 얼마나 행복한 것인가?

아무쪼록 "행복한 부자 되기"를 통하여 모든 사람이 돈을 모으며 행복하고, 돈을 벌어서 행복하며, 이에 따라 주위 사람들도 행복한 부자를 만나, 함께 행복하여 지기를 바란다.

조성표 경북대학교 경영학부 회계학 전공 교수

왜 열심히 맞벌이를 하는데 돈이 모아지지 않는 것일까. 내가 가입하고 있는 보험은 제대로 가입하고 있는 걸까. 대출금이 많은데 어디서부터 손을 대야 할까. 누구는 그래도 믿을 것은 부동산밖에 없다고 하고 다른 이는 이젠 주식이나 펀드 투자가 대세라고 한다. 누구 얘기가 옳은 것일까. 이런 고민들은 누구나 자산관리를 하면서 한 번쯤 겪는 것들이다. 하지만 어느 것 하나 뚜렷하게 다가오지는 않는다. 그게 그 소리고 같고 전문가라는 사람들도 대개 비슷한 얘기만 늘어놓는다. 그리고 차근차근 하나 하나 알기 쉽게 자산관리를 배우고 싶은데, 배울 곳도 마땅치 않다. 만일 당신이 이런 생각을 하고 있거나 과거에 했다면, 이제 좋은 친구 하나를 얻을 수 있을 것이다. 바로 이 책이 주인공이다.

이 책의 미덕은 무엇보다 쉽다는 데 있다. 글도 잘 읽히지만 내용도 그에 못지않게 쉽다. 사례 위주로 만들어졌기 때문이다. 그런데 등장하는 사례가 만만치 않다. 저자가 자신의 풍부한 상담 경험에서 고른 사례이기 때문에 사례를 따라 읽다 보면, 어느 새 자산관리의 기본 개념이 잡힌다.

두 번째는 처음부터 끝까지 읽어야 하는 인내심(?)을 발휘하지 않아도 된다. 보험에 대한 정보가 필요하면, 당장 목차를 보고, 그쪽으로 가면 된다. 대출금에 대한 전략을 다시 세우고 싶으면 대출과 재무설계 관련 내용을 보면 된다. 물론 더 좋은 것은 처음부터 꼼꼼히 들여다보는 것이다. 하지만 지금 당장 공부를 해서 알아야 자산관리 지식이 얼마나 많던가. 이 책은 당신의 책상 위에서 언제라도 당신이 필요할 때 도움을 주는 자산관리의 친구가 될 수 있는 자격이 충분하다.

책과 상관없는 내용이지만 추천사를 쓰는 입장에서 저자의 인간성을 얘기하지 않을 수 없다. 저자는 풍부한 경험의 소유자다. 그런데도 공부하는 자세를 항상 견지하고 겸손하다. 그래서 주변 사람들로부터 커다란 신뢰를 받는다. 어떤 전문가가 경험도 풍부하고 겸손하며 신뢰할 만한 하다면, 그 사람의 얘기를 듣고 싶은 건 당연한 욕심이 아닐까.

이상건 미래에셋투자교육연구소 이사

CONTENTS

1.

재무관리 시스템

경제 생활을 한지도 꽤 지난 것 같은데 생각만큼 돈이 모이지 않아서 고민인 가정이 많다. 소득에 비해 과다한 지출을 하고 있는 가정, 막연한 기대감으로 투자했다 원금을 손해 본 가정, 너무 많은 보험에 가입하여 저축을 하지 못하고 있는 가정 등 다양한 상담 사례를 통해 재무관리시스템에 대해 알아보자.

1) 맞벌이 가정 새는 돈 막기

Q 무서운 장바구니 물가에 날로 오르는 대출 금리를 감안하면 부부가 열심히 돈을 벌어도 맘놓고 여유를 즐기기 힘든 것이 맞벌이의 현실이라고 한다. 둘이 벌면 두 배로 빨리 돈이 모일 것 같은데 현실은 그렇지 않은 걸 보면 뭔가 문제가 있을 것 같다.

A 맞벌이가 서로 열심히 돈을 버는데도 돈이 모여지기는 커녕 힘들기만 하니 삶이 재미없다고 하는 분들이 많다. 사례를 통해서 해결책을 찾아보자.

(사례)
맞벌이부부 김명호(37세)씨와 이나은(35세)씨는 유치원에 다니는 딸(6세)과 함께 서울시내 25평 아파트에 전세로 살고 있다.

현재 자산은 전세보증금 1억 2,000만원, 펀드 적립금 1,400만원이 있고, 부채는 신용대출 4,500만원, 마이너스통장 200만원이 있다.

부부합산소득은 500만원이고, 생활비 및 육아비 290만원, 대출이자 30만원, 보장성보험료 50만원, 적립식펀드 80만원, 부모님 용돈 20만원, 가용자금 30만원 등의 지출을 하고 있다.

열심히 사는데 왜 돈이 모아지지 않는지 그 이유를 알아보자.

Q 30대 중반의 맞벌이 부부인데 재무상황은 어떤가?

A 이 가정의 재무 상태를 보면 자산총계는 1억 3,400만원, 대출이 4,700만원으로 순자산은 8,700만원이다. 부부가 30대 중반을 넘어선 것을 감안하면 순자산이 적어보이는 것이 사실이다.

현금흐름을 살펴보면, 부부합산 소득이 500만원인데 생활비 및 육아비 290만원과 대출이자 30만원, 부모님용돈 등 340만원이 지출되고 있으며, 비소비성지출은 보험료 50만원과 적립식펀드 80만원 등 130만원, 나머지 30만원이 가용자금으로 남아있는 상태이다.

보장성 보험료가 소득대비 10%를 차지하고 있고, 특별히 저축을 하지 않고 있으나 돈을 모으는데 활용되지 않는 돈이 30만원이 있다. 간단하게 새는 구멍이 몇 개 보인다.

재무상태표

자산		부채	
적립식 펀드	14,000,000	신용대출	45,000,000
전세 보증금	120,000,000	마이너스 통장	2,000,000
자산 합계	134,000,000		

순 자산 합계 87,000,000

현금흐름표

수입		지출	
		생활비 및 육아비	2,900,000
		대출이자	300,000
		보험료	500,000
근로소득	5,000,000	적립식 펀드	800,000
		부모님 용돈	200,000
		가용자금	300,000
수입합계	**5,000,000**	**지출합계**	**5,000,000**

Q 맞벌이부부를 보면, 외벌아가정보다 외식비나 교육비를 더 지출해서 돈을 모으기가 더 어렵다고 하던데 돈이 모아지지 않는 이유가 뭔가?

A 맞벌이 가정이 외벌이 가정보다 수입이 분녕히 많은데도 돈을 더 많이 모으

지 못하는 것은 맞벌이를 하기위해 지불하는 비용이 발생하기 때문이다. 외벌이 가정보다 교육비, 외식비 등 문화생활비 등이 더 많이 지출되는데, 통계에 따르면 대체로 맞벌이 가정이 교육비는 35% 정도 더 쓰고, 외식비는 39.5% 더 사용한다고 한다.

이밖에도 부모님 용돈, 부부의 용돈, 자기계발비 등의 추가적인 항목들이 발생해서 돈을 모으기가 쉽지 않은 환경이라는 것이다. 그런데 매달 적지 않은 돈을 벌고 있으니 상대적으로 외벌이 가정에 비해 지출에 대한 두려움이 적은 것이 일반적이다.

Q 돈이 모아지지 않는 맞벌이 가정의 해결방안을 알려준다면?

A 맞벌이의 최대 약점은 의외로 외벌이 가정에 비해 수입이 두 군데라는 것이다. 이 때문에 스스로 마음의 여유를 갖게되고, 주변 사람들에 대한 의무는 두 배로 지게 되어 돈이 모아지지 않는 상황이 발생한다. 이러한 가정이 돈을 모으는 비결은 매우 간단하다. '수입은 맞벌이처럼, 지출은 외벌이처럼'하라는 것이다.

이를 위해서 가장 먼저, 부부의 인생을 설계해야 한다. 30대부터 90세까지 10년 단위로 구분해서 부부의 상황에 맞게 시기별 특성, 시기별로 해야할 일, 이루고 싶은 사회활동, 경제수준, 가족관계 등을 기록하면 목표와 해야할 일을 한눈에 파악할 수 있다. 살면서 들어갈 수입과 지출 그리고 남편과 아내, 아이들의 나이변화, 여건변화, 시기별 필요자금 등을 적어보면, 가정의 구체적인 시기별 자금규모가 나오고, 도전의식이 생긴다. 즉, 목표가 분명해서 돈을 모으려는 의지도 강해진다는 것이다.

Q 부부의 돈 관리에서 중요한 점이 많다. 예를 들면, 통장관리나 지출관리 같은 것들인데, 돈을 모으기 위해서 부부가 함께 해야만 하는 것들은 어떤 것이 있나?

A 맞벌이 가정이 유리한 장점을 우선적으로 활용하는 것이 필요하다. 우선 통장을 한쪽으로 모으는 것이 필요한데, 각자의 통장으로 월급이 들어오면 생활비 통장으로 몰아서 각종 결제와 수시입출금을 할 수 있게 하고, 저축통장, 투자통장, 비상자금통장으로 자동 이체되도록 한다.

또한 부부가 예산을 같이 짜고 서로의 용돈부터 상호간 동의를 구하는 것이 필요하다. 생활비, 교육비, 관리비, 부모님 용돈, 식비 등에 대한 구체적인 내용까지 상의하여 협조를 얻는 것이 좋으며, 이때 신용카드 사용도 되도록 제한하여 체크카드를 사용하는 것이 좋다.

Q 위의 사례처럼 가용자금은 30만원이 있는데 특별히 저축을 하지 않다보면, 새는 돈이 되는데, 새는 돈을 막는 좋은 방법은?

A 새는 돈을 막는 방법은 3가지 정도를 생각할 수 있는데, 첫 번째는 '곱하기 12'공식을 적용하는 방법이다. 한 달에 외식비를 25만원 지출할 경우 곱하기 12를 하면 1년에 300만원, 마찬가지 한달에 2~3만원을 줄일 경우 곱하기 12를 하면 1년에 24~36만원의 큰 돈을 줄일 수 있다. 한 방법으로 외식횟수를

줄이는 방법을 택할 수도 있다.

두 번째는 경조사의 경우 경제적 책임을 명확히 하는 것이다. 많이 벌어도 씀씀이가 많은 만큼 남는 것이 없다는 점을 확인시켜줘야 한다. 대출이나 빚이 있다면 빚 갚고 있는 중이라고 솔직히 이야기 하고, 양해를 구하는 것이 좋다. 또한 부모님이 아프실 때 병원비로 목돈이 나갈 수 있기 때문에 부모님께 드리는 용돈이 있다면 일부만 떼어서 건강보험을 들어드리는 것이 필요하다.

세 번째는 아이에게 드는 돈의 군살빼기인데 학교의 에듀케어 프로그램의 경우 월3~6만원의 저렴한 비용으로 활용할 수 있고, 전공을 시킬 목적이 아니라면 구민종합체육센터나 구민회관 문화센터 등에서 실시하는 언어, 미술, 음악, 체육 등의 프로그램을 활용해서 사설학원의 1/3수준의 비용으로 아이를 교육시키는 것이 필요하다.

네 번째는 맞벌이 부부의 노하우를 얻는 것인데 유아부터 초등학생 엄마들이 주 회원인 직장맘(Powermam) 등을 통해 유용한 정보와 고민을 공유하는 것이 좋다.

Q 사례자의 현금흐름을 조정한다면?

A 우선적으로 빚을 갚기 위한 노력이 가장 먼저 필요할 것이다. 따라서 가용자금은 일단 빚을 갚기 위한 자금으로 활용하고, 생활비와 육아비 지출을 조정하는 것이 필요하다.

(변경전)

수입		지출	
		생활비 및 육아비	2,900,000
		대출이자	300,000
		보험료	500,000
근로소득	5,000,000	적립식 펀드	800,000
		부모님 용돈	200,000
		가용자금	300,000
수입합계	**5,000,000**	**지출합계**	**5,000,000**

(변경후)

수입		지출	
		생활비 및 육아비	**2,500,000**
		대출이자	300,000
		보험료	**400,000**
근로소득	5,000,000	적립식 펀드	800,000
		부모님 용돈	200,000
		적금(1년)	**800,000**
수입합계	**5,000,000**	**지출합계**	**5,000,000**

2) 사회초년생의 재무관리

Q 우리나라 실업자가 100만명을 넘어섰다고 한다. 이렇게 실업률이 늘어나면서 '취업하는 것이 하늘의 별따기'라는 말이 과언이 아니다. 이런 어려운 시기에 취업을 하면, 또 재테크를 어떻게 해야할지 고민이다.

A 사례를 통해 사회 초년생의 재테크 원칙을 알아보도록 하자.

(사례)

위 사례자는 얼마 전 취업을 해서 일을 하고 있는 새내기 신입사원이다. 대학 졸업 후 2년 만에 어렵게 취업에 성공을 해서 열심히 일을 하고 있는데, 남들보다 늦게 취직한 만큼 빨리 돈을 모으길 원한다.

현재의 월급은 180만원 정도이고, 4~5년 후에는 결혼을 해서, 10년 후쯤에는 내 집을 마련하길 원한다.

Q 취업전쟁에서 성공했는데, 이런 사회 초년생들이 가장 먼저 해야 할 재테크의 우선 순위 같은 것이 있다면?

A 우선적으로 인생 설계를 해야한다. 남자의 경우, 가장 먼저 준비해야 할 것이 결혼자금과 주택자금을 모아가는 것인데, 많은 신입사원들이 명확하게 얼마 정도의 자금을 준비해야 할지 알지 못한다. 구체적으로 결혼자금을 위해서는

3년 정도 후에 최소 3,000만~5,000만원 정도 자금을 만들겠다는 계획을 세우고, 이 금액을 만들기 위해서는 월 어느 정도의 금액의 저축이 필요한지 계산해보는 것이 필요하다.

이후에는 정확한 세후수입과 지출을 파악하여 월 투자금액을 고정화해야 한다. 처음 사회생활을 내딛게 되면 난생 처음으로 많은 돈을 손에 쥐게 되는데 자칫 잘못하면 여러가지 유혹들에 넘어가 지출 습관이 나빠질 수 있다. 이러한 점을 미연에 방지하기 위해 급여가 들어오는 순간 통장을 분리해 보는 것도 좋은 방법이다. 우선 지출을 정확하게 판단하여 무리가 되지 않는 수준에서 통제하고 나머지 금액은 전부 저축하는 방법이다. 이때 3개월 정도의 생활비는 꾸준한 투자의 안전판을 위해 유동 자금으로 반드시 확보해야 한다.

Q 사회 초년생의 재무관리 원칙을 소개한다면?

A 사회초년생의 재무관리 원칙을 소개하겠다.

첫째, 저축금액을 최대한 늘리고, 저축과 투자를 성향에 따라 적절히 분산하는 것이 좋다. 젊은 시기에는 지출을 통제하고, 인생이벤트에 맞도록 통장을 분리하여 순자산금액을 늘리는 것이 중요하다. 우선, 매년 늘어나는 자산을 확인하기 위해 은행에 1년 만기 정기적금을 가입하고, 투자수익을 극대화하기 위해 적절한 수준에서 위험을 감수하면서 일부 자금은 투자상품에 넣되 적립식으로 주식형 펀드를 선택한다면 투자 위험을 낮출 수 있다.

둘째, 청약통장에 가입하라. 내 집 마련의 시작은 청약통장 가입에서 시작한다. 주택청약종합저축통장을 선택해서 향후 내 집 마련 전략을 세울 때 활용해야 한다.

Q 지출 통제도 어려운데 무조건 저축을 많이 한다고 좋은 것만은 아닐 것 같다. 어느 정도 저축을 해야 하나?

A 사회 초년생의 경우 월 소득의 절반 이상을 저축해야 한다. 일반적으로 사회 초년생의 경우는 부모님과 거주하는 경우가 많고, 정해진 지출이 많지 않기 때문에 저축할 수 있는 여력이 많다. 그러나 결혼을 하고, 자녀가 생긴 이후에는 이러한 저축여력이 점차 없어지기 때문에 사회초년생일 때 종자돈마련을 위한 저축에 적극적으로 나서야 한다.

사회 초년생일때 부터 준비를 제대로 하면 미래가 확실하게 달라질 수 있다는 점을 명심해야 한다. 참고로 부모님과 같이 살아서 따로 주거비용이 발생하지 않는 경우라면 저축률을 60% 이상까지 끌어올리는 것도 적극적으로 생각해야 할 것이다.

이때부터 가능하면 신용카드 대신 체크카드를 사용하는 것을 생활화하는 것이 좋다. 체크카드 사용으로 생활비를 통제할 수 있는 의지가 키울 수 있다.

Q 나머지 원칙을 소개한다면?

A 질병과 건강에 대한 보장보험을 가입하되, 되도록 보험료는 낮추는 것이 좋다. 젊을 경우 활동량이 많기 때문에 위험상황에 처할 가능성이 높으며, 만에 하나 중요 질병에 걸리면 오랜기간 상당한 치료비용이 필요하기 때문에 손해보험의 실손의료비로 질병과 상해를 준비하는 것이 바람직 하다.

또한 노후준비는 바로 시작하는 것이 좋다. 다만, 사회 초년생은 단기적으로 목돈이 필요한 경우가 많으므로 소득의 10% 수준에서 투자형 연금으로 시작하는 것이 좋다. 마지막으로 재테크 외에 자신만의 부가가치를 지속적으로 높이기 위한 노력이 필요하다. 즉, 자기 계발 계획을 세우고 이를 위한 비용을 지출하라는 것이다. 월 소득의 5~10% 정도는 자기계발을 위해 투자하는 것이 필요하다.

3) 보험을 많이 가입한 30대의 재무관리

Q 보험은 언제보더라도 어렵다. 어떤 상품이 좋은지, 어떤 것이 중복이 되는지, 소득 대비 어느 정도를 가입해야하는지 일반인이 판단하기에는 매우 어려운 것 같은데?

A 사실 이것저것 가입하다보면 생각보다 많이 지출되는 보험료에 부담을 느끼게 되는데, 이러한 상황에서는 적절한 보험 리모델링이 필요하다. 사례를 통해서 판단해보자.

(사례)

32세의 미혼 여성 직장인의 사례를 살펴보자. 이 사례자의 경우 노후 준비에 대한 관심이 많아서 변액보험에 가입을 했는데, 월 투자 비중이 높아 고민이 커지고 있는 상황이다.

월 평균 수입은 세후 300만원으로 생활비는 100만원이 지출되고 있고 있으며, 보장성 보험료 27만원, 변액연금 50만원, 변액유니버셜보험 30만원, 기타 남는 금액은 적금 및 펀드에 넣고 있는 상황이다.

Q 30대 초반의 미혼여성인데. 보험이 많은 것 같다. 이 분의 재무상태는?

A 월 평균수입이 300만원인데 보장성보험료는 27만원으로 월 소득 대비 9%, 연금보험료는 80만원으로 월 소득의 27%수준이다. 향후 결혼도 해야 하고, 주택문제도 해결해야 하는데 보장성보험료와 노후준비로 너무 많은 돈이 들어가고 있어서 장기적인 자금과 위험관리는 되어 있으나 단기적인 결혼자금 등을 준비하는데 소홀한 상황이다.

Q 이분처럼 특정보험에 대한 집중해서 가입한 경우는 어떻게 해야 하나?

A 보험 리모델링을 할 때 가장 먼저 살필 것은 중복 여부이다. 손해보험의 실손의료비보험은 중복 가입을 하더라도 중복 보상이 되는 것이 아니라 가입 금액에 따라 비례보상 되므로 여러 건을 가입했다면 정리할 필요가 있다.

또한 성격이 비슷한 보험에 2개 이상 가입한 경우 보장 규모와 보장 기간을 고려하여 해지 여부를 결정해야 한다. 예를 들어 종신보험을 2건 가입했는데, 보장 기간이 100세인 것과 80세인 것이 있다면 100세 상품은 남겨두고 80세 상품을 해지하는 식이다.

사망보장의 경우 종신보험을 정기보험으로 대체하는 것도 보험료 부담을 줄이는 방법이다. 정기보험은 보험 가입자가 사망할 경우 유가족에게 사망 보험금을 지급한다는 점에서는 종신보험과 같지만, 특정 기간만을 보장하므로 보험료 수준을 낮출 수 있다.

Q 이 사례자의 경우 노후준비를 위한 연금보험에 많이 들어놨는데 이런 경우는 어떻게 해야 하나?

A 보장성 보험과 별도로 반드시 필요한 것이 노후 준비를 위한 연금보험이다. 노후에 대한 준비는 일찍부터 작은 금액이라도 시작하는 것이 지혜로운 방법이다. 그런데 노후에 대한 부담 때문에 연금보험을 너무 많은 금액으로 준비하다보면 단기적으로 발생하는 여러 가지 일들에 대한 대비책을 전혀 준비할 수 없게 된다.

오히려 연금보험을 중도에 해약해서 손해만 보게 될 수도 있다. 또 젊었을 때부터 너무 노후에 대한 걱정을 많이 하는 것은 지혜롭지 않으므로 이 경우에는 적은 금액으로 과감하게 조정하는 것이 필요하다.

Q 노후준비를 위해 많이 가입하는 상품으로 변액연금보험과 변액유니버셜보험이 있는데, 어떤 상품을 가입해야 하나?

A 현장에서 상담을 하다보면 사례자처럼 노후에 대한 준비를 하면서 변액연금보험 따로, 변액유니버셜보험 따로 가입하는 경우가 많이 있다. 사실 둘 다 노후자금을 준비하기에 적합한 장기투자형 상품이다. 그렇기 때문에 자신의 성향을 살펴서 가입을 하는 것이 필요하다.

만약 투자를 하면서도 장기 안정적인 상품을 가입하고 싶다면 변액연금보험이 유리하고, 보다 공격적으로 투자를 하면서 수입감소나 증가에 대해 유연하게 대처하고 싶다면 변액유니버셜보험을 선택하는 것이 좋다.

사회초년생이나 미혼의 경우는 변액연금보험 보다는 변액유니버셜보험이 유리할 수 있다. 상대적으로 적은 금액으로 시작할 수 있고, 수입의 증감에 대해 유연하게 대처가 가능하기 때문이다. 다만, 연금을 받을 시기를 정해서 연금으로 전환하다보면 변액연금보험 보다 연금보험료가 인상되는 문제가 발생할 수 있다는 점을 유의해야 한다.

Q 질병보험의 경우는 리모델링을 할 때 어떻게 해야 하나?

A 질병보험의 경우는 보장기간이 무엇보다 중요하다. 예를들어 질병보험의 만기가 60세 전후로 돼 있으면 질병에 걸릴 확률이 낮은 젊은 시기에는 보장을 받을 수 있지만 정작 보험이 필요한 시기에는 혜택을 받지 못할 위험이 있다.

따라서 질병보험의 보장시기를 적어도 80세까지는 보장받을 수 있도록 변화를 주는 것이 필요하다. 최근에는 100세시대를 예측하고 100세까지 보장하는 상품도 많이 등장하고 있다.

특히 고액의 치료비가 들어가는 암, 뇌혈관질환, 심장관련질환 등은 진단자금을 확보해 놓는 것이 필요하다.

Q 보험 리모델링을 꼭 해야 하나? 한번 가입한 이후에 잊어버리고 지내는 방법은 없나?

A 보험에 대한 리모델링은 반드시 필요하다. 개인의 상황도 변하고, 질병의 종류도 늘어나는 등의 변화가 있기 때문에 이에 맞추는 리모델링은 필수적이다. 다만, 이러한 리모델링은 개개인이 알아서 하기보다 되도록 전문가의 도움을 받아 진행하는 것이 중요하다.

4) 사업을 준비하는 40대의 재무관리

Q 40대의 경우 직장에서의 퇴직 압력이 시작되는 시기여서, 제2의 인생을 설계하기 위해 다양한 대안을 생각하는 시기인 것 같은데?

A 90년대 중반 IMF 이후 기업의 구조조정이 당연시되면서 40대에 들어선 직장인들은 퇴직에 대한 압박감을 가지는 것이 일반적이다. 이런 환경으로 인해 40대에 접어들게 되면 자신만의 전문성을 기반으로 퇴직 이후 관련된 사업을 시작하고자 하는 욕구가 강하다.

문제는 40대가 돈이 가장 많이 들어가는 시기라는데 있다. 자녀가 성장하는 데 따른 사교육비 증가, 주택 확장, 노후준비 등 목돈이 들어가야 하는 계획들이 대부분 40대에 집중되어 있는 것이 사실이다. 이런 상황에서 자신이 가지고 있는 자산을 털어 사업을 시작할 경우 계획대로 잘 진행된다면 별다른 문제가 없겠지만, 사업이 예상처럼 진행이 되지 않거나 실패할 경우에는 가정의 재무건전도가 급격히 악화되어 생활의 질이 떨어질 가능성이 있다.

Q 그렇다면 40대가 사업을 시작하려 할 때의 원칙이 있다면?

A 40대에 사업을 시작하기로 결정을 했다면 되도록 자기 자본 비율을 높여 부채를 최소화 하는 것이 필요하며, 사업이 예상보다 진척이 되지 않더라도 최저 생활의 질을 보장받을 수 있도록 위험에 대한 안전판을 갖춰놓는 것이 필요하다. 여기서 말하는 위험에 대한 안전판이란 1) 긴급예비자금 2) 의료비 3) 노후자금의 확보를 의미한다.

즉, 주택이나 자녀교육 자금의 경우 최악의 상황에 몰리더라도 주택 규모를 줄이거나 교육자금을 자녀의 몫으로 돌릴 수 있지만, 재정적 긴급상황, 의료비 발생, 은퇴 이후의 자금은 본인이 스스로 책임져야하는 부분이기 때문이다.

Q 사례를 들어본다면?

A 과거 상담을 진행했던 40대의 한 가정을 보면 재정적 긴급상황과 의료비 발생에 대한 부분은 어느 정도 준비가 되어 있었지만 노후자금은 사업에 대한 막연한 기대감으로 전혀 준비를 하고 있지 않은 상황이었다.

사실 노후자금은 거액으로 일시에 투자하는 것이 아니라 월 소득의 10% 정도를 생활비 개념으로 꾸준히 적립하는 것에서 시작한다. 만약 40대 중반의 가정이 월 30만원을 노후자금 용도로 적립할 수 있느냐 없느냐에 따라 15년 후 은퇴자금은 1억원 이상 격차가 발생하게 된다.

Q 위 사례자의 재무 상황은 어떠했나?

A 이 가정의 경우 부동산 자산 4억 5,000만원, 금융자산 5,500만원 수준으로 부채가 없어 재무적으로 건전한 것처럼 보였지만, 3년 후 사업을 계획하고 있었다. 만약, 3년 뒤 사업자금을 2억원으로 책정한다면, 3년 이후 금융자산이 소진되고 주택을 담보로 한 부채가 발생할 가능성이 높아 재무건전도가 악화될 가능성이 있었다.

따라서 노후자금의 틀을 갖춰가면서 가정의 재무건전도를 양호하게 유지한다는 전제조건 하에서 사업에 대한 시기와 목표자금 규모를 조절하는 것이 필요했다.

또한 이 가정의 경우 월간 현금 흐름상 지출에 대한 관리가 시급한 상황이었다. 아내의 강사 소득을 제외한다면 세후 수입은 월 380만원이며, 양가 생활비와 본인 생활비, 교육비 등을 포함할 경우 지출 규모가 300만원에 달하여 고정투자는 계 40만원, 청약저축 10만원에 불과한 상황이었다. 남편 명의의 주택이 있고, 부채는 없지만 향후의 재무목표를 감안한다면 생활비를 일부 줄여 고정투자 규모를 늘리는 것이 시급한 상황이었다.

Q 위 가정은 포트폴리오를 어떻게 가져가야 하는가?

A 결국 위 가정의 재무설계 핵심은 사업자금을 확보해가면서 노후자금에 대한 기틀을 마련하는 것으로 볼 수 있다. 현재의 금융자산 5,500만원과 조만간 계돈으로 받게되는 1,000만원을 주식과 채권으로 분산하여 6% 기대 수익률로 투자하고, 매월 40만원을 사업자금 용도로 주식형 펀드에 8% 수익률로 투자한다면 3년 후 9,360만원을 확보할 수 있을 것이고, 퇴직금 3,000만원을 감안한다면 사업자금 용도로 1억 2,000만원 이상을 확보할 수 있다.

따라서 1억 2,000만원 수준에서 사업자금 규모를 결정하는 것이 필요하며 자금이 부족하다고 판단될 경우 대출을 받기 보다는 사업 시작의 시기를 늦추는 것이 바람직할 것이다.

또한, 노후자금에 대한 준비는 반드시 지금부터 시작하는 것이 필요하다. 생활비를 줄여서라도 노후자금 용도로 30만원 이상을 적립해야하며 향후 소득 증가 여부를 판단하여 이에 대한 규모를 늘려가는 것이 필요하다. 30만원을 15년간 연 8% 수익률로 투자한다면 총 적립액은 1억 400만원 수준이 될 것으로 예상된다. 이런 측면에서 아내가 강사관련 일은 지속하여 소득 규모를 늘리고, 남편 사업소득에 대한 보완 역할을 하는 것이 바람직 할 것으로 판단된다.

신체적 위험관리에 대한 보험은 반드시 의료비가 보장되는 실손 보상형 보험이 기반이 되어야한다. 문제는 현재 양가 부모님의 경우 세 분 모두 지병이 있어 보험 가입이 어렵다는 점이다. 따라서 현재 양가 생활비로 지원하는 금액 중 일부는 부모님의 의료비 용도로 적립하는 것이 필요하다. 또한 본인 가족의 보험 역시 사망에 집중되어 있는 형태로 월 25만원이 소요되고 있으나 실제 의료비 발생에는 대처가 안된다는 단점이 있다. 따라서 이를 손해보험사의 의료비 보장 보험으로 전환한다면 보장 범위는 넓히면서 보험료는 오히려 20만원 수준으로 줄일 수 있을 것이다.

Q 위 가정의 경우 타인 명의로 부동산을 구입하려 하고 있는데?

A 마지막으로 주택과 관련하여 현재 시누의 명의로 청약저축에 가입하여 분양을 받으려 했는데, 이는 바람직하지 않다. 통장 가입기간이 짧아 당첨가능성도 낮을 뿐 아니라 실명제 위반, 증여 문제 등 다양한 법적인 문제가 발생할 가능성이 있기 때문이다. 따라서 청약저축은 해약 후 남편 명의로 청약예금 600만원을 예치하여 100㎡ 정도의 주택을 분양받는 전략을 세워야 한다. 단, 현재의 재무구조 상 대출을 받아 주택을 구입하는 것은 무리일 것으로 판단되므로 현 보유 주택의 시가를 벗어나지 않는 선에서 분양전략을 세워야 할 것이다.

Q 제안하는 포트폴리오는?

A 제안하는 포트폴리오는 다음과 같다.

월간 현금흐름

변경전		변경후	
양가 생활비	45만원	양가 생활비	35만원
교육비	52만원	교육비	52만원
본인 생활비	200만원	본인 생활비	170만원
생명보험	25만원	실손보상형 통합보험	20만원
계	40만원	성장주식형 펀드(사업자금)	20만원
청약저축	10만원	가치주식형 펀드(사업자금)	20만원
		변액보험(노후자금)	30만원
		인덱스 펀드(교육, 의료비)	25만원

보유자산 포트폴리오

변경전		변경후	
MMF	5,000만원	MMF	1,000만원
장기주택마련저축	100만원	상호저축은행 정기예금	2,000만원
장기주택마련펀드	200만원	국내 배당주식형 펀드	1,000만원
주거부동산	45,000만원	청약예금	600만원
		장기주택마련저축	100만원
		장기주택마련펀드	600만원
		주거부동산	45,000만원

5) 대출 상환이 고민인 50대의 재무관리

Q 좀 더 넓은 집, 좀 더 인기 있는 동네에 사는 것은 누구나 바라는 바일 것이다. 하지만 현실적으로 작은 아파트를 팔고 넓은 곳으로 옮겨갈 때에는 은행 융자가 필요한데, 과다한 빚으로 인해 가계전체가 흔들리는 경우도 많은 것 같다.

A 자신만의 좋은 주택을 가지는 것은 모든 사람들의 소박한 꿈이지만, 자칫 잘못하면 오히려 엄청난 이자부담을 가져다주는 독이 될 수 있다. 이럴 경우에는 이자부담을 줄일 수 있는 방법을 찾아야 하는데 사연을 통해서 해결책을 찾아보자.

(사례)

충남 천안에 살고 있는 50대 가정으로 남편은 일반 회사원이고, 아내는 공무원이다. 자녀는 고등학생 아들이 하나 있다. 최근 새 아파트를 구입해 이사했고, 기존 아파트는 팔리지 않아 월세를 준 상황으로, 새 아파트 구입시 부족자금은 주택 담보대출로 해결했다.

현재 순자산은 4억원을 조금 상회하는 상황이고, 부부 합산 월수입은 770만원, 대출이자는 월 100만원 정도이다. 자산 상황은 다음과 같다.

자산 · 부채현황

(단위:원)

자산		부채	
아파트	145,000,000	공무원대출	40,000,000
아파트	190,000,000	예금대출	33,610,000
전답+산	145,000,000	아파트대출	53,900,000
장기주택저축	41,360,000	기타 부채	60,000,000
공무원 적립금	79,540,000	아파트월세보증금	10,000,000
연금 · 보험	30,030,000		
합계	**630,930,000**	**합계**	**197,510,000**
순 자산 433,420,000			

Q 이 가정의 재무 상태는?

A 우선, 재무 상태를 보면, 부동산비중이 높고, 그에 따른 대출이 과도하다. 임대 보증금까지 포함하면 부채가 2억 원 수준으로 총자산대비 부채비율이 32%이다. 물론 가계의 소득이 770만원으로 높은 상황이지만 대출이자비중이 높은 것이 사실이며, 현재는 대출이자가 높지 않아 다행이지만 대출금리가 올라가면 부담이 만만치 않을 것으로 보인다. 따라서 대출금을 차근차근 갚아나가는 것에 초점을 맞추는 것이 필요하다.

Q 이분처럼 아파트 갈아타기를 시도하는 사람이 많고, 실제로 아파트 갈아타기는 재산증식의 지름길 아닌가?

A 과거 부동산 가격 상승기에 아파트 갈아타기는 재산증식의 지름길인 것이 사실이었다. 그러나 고수익을 노릴 수 있는 만큼 주의할 점도 만만치 않다. 갈아타기의 백미가 가격상승 차액에 있는 만큼 우선 블루칩아파트를 찍어낼 수 있는 안목이 필요하며, 입지여건과 학군, 선호도, 주변 환경, 실내구조 등을 종합적으로 따져봐야 한다.

더군다나 가격약세장에서 대출 등을 통해 단기차익 목적으로 갈아타기를 시도하는 것은 상당한 부담이 될 수 있는 것이며, 아파트값이 하락세로 반전되면 갈아타기는 오히려 독이 될 수 있다. 따라서 아파트 갈아타기는 철저히 실수요 관점에서 하되 비용이 많이 들더라도 유망지역의 블루칩아파트을 노리는 게 바람직하다. 그리고 은행 대출을 받아 갈아타기를 할 때는 최소 5년 정도는 이자 상환 부담을 견딜 수 있는지 자금상황을 따져보는 것이 중요하다.

Q 대출이자부담을 줄이는 방법이 있나?

A 우선 '대출 거치 기간'을 늘리는 것을 고려할만 하다. 요즘 같은 고물가 시대에는 시간이 지날수록 화폐가치가 떨어지기 때문에 채무기간을 연장하는 것이 부담을 덜 수 있는 한 방법이다. 하지만 금리와 물가상승률은 변동성이 높기 때문에 신중하게 생각해야 한다.

또한 은행을 한 군데로 정해놓고 이용하면서 은행 실적을 쌓는 것이 좋다. 해당 은행의 거래 실적이 높아지면, 대출 조건이 상향 변경될 수 있기 때문에 금리 조정이 가능해진다. 이 가정의 경우 이자부담을 술이는 방법으로 내출 갈아타기를 시도할 수 있는데 소득공제를 받을 수 있는 고정금리 장기대출이나 공무원 VIP우대 대출 등을 활용할 수 있다.

Q 현재의 주택담보대출을 소득공제가 가능한 장기주택대출로 바꾸는 것은 가능하나?

A 이자를 줄이기 위해 장기주택 담보대출, 주택금융공사의 보금자리론을 받기에는 자격 조건이 안 된다. 보금자리론은 무주택 세대주 또는 1주택소유자로 집값의 70%이내에서 3억 원까지 받을 수 있으나 이 가정은 2주택을 보유하고 있어 해당이 안된다.

다만 은행 일반모기지론을 15년 이상으로 대출을 받을 경우 소득공제를 받을 수 있는데, 소득공제를 받으려면 근로자에 한해 국민주택 규모(전용면적 85㎡ 이하)의 주택이어야 하고 기준 시가 3억 원 이하인 주택만 해당한다. 아울러 1주택을 가진 가구주만 해당되므로 소득공제를 받으려면 아파트 1채는 정리를 해야 한다.

Q 이 가정의 경우 부채가 이것 저것 많은데, 부채를 정리한다면 어떤 것부터 정리하는 것이 좋을까?

A 이 가정의 경우는 연금·예금 담보대출부터 상환하고, 아파트 담보대출은 그 이후에 하는 것이 좋다. 아파트 담보대출은 대개의 경우 금리연동형이고, 3년 이

내에 중도 상환할 경우 수수료(대출액의 0.5~1.5%)를 내는 경우가 많다. 때문에 무조건 원금을 갚기보다는 중도 상환수수료로 지출되는 금액과 대출이자로 지출되는 금액의 차이를 잘 따져보고, 손실이 적은 쪽을 택하는 것이 바람직하다.

6) 사업소득자의 재무관리

Q 급여 생활자와는 달리, 사업 소득자의 경우 매월 들어오는 현금 흐름의 변화가 심하므로 재무관리 기법이 다를 것 같다.

A 우리나라 개인사업자의 경우 사업자금과 개인자금이 구분되지 않고 혼용하여 운영하는 경우가 많다. 대개 이러한 개인사업자의 경우 현금 매출과 신용 매출이 구분되지 않아 매출액 파악이 어렵고 사업 지출과 개인 지출을 구분하지 않아 지출의 투명성 확보가 어려운 경우가 많다.

따라서 개인사업자의 경우 먼저 사업에 대한 자금과 개인에 대한 자금을 구분 운영하는 것이 필요하며, 처음 세웠던 사업계획서를 재점검하여 사업에 내한 향후 목표와 자금계획을 세우는 것이 필요하다.

Q 어떤 식으로 목표를 세우고 자금 계획을 세워야 하나?

A 일반적으로 사업계획서 상 필요한 사업 자금흐름은 임대차계약 만료에 따른 사업 확장, 사업에 필요한 기기 구입, 대출에 대한 상환 계획을 들 수 있으며, 자산 대비 부채 비율, 매출 대비 순 수익 비율, 비용 처리에 따른 절세 효과와 같은 재무건전도를 검토하는 것이 필요하다.

일반적으로 임대차계약은 5년 단위로 이루어지므로 잔여 계약기간 이후 임차보증금 증액 또는 사업 확장을 위한 사무실 이전에 따른 자금계획을 세워 사전에 이와 관련한 자금에 대한 여력을 확보하는 것이 필요하며, 사업과 관련한 고가의 기기가 필요할 경우 자금 흐름과 절세의 측면에서 그 기기를 구입할 것인지, 리스를 할 것인지를 결정해야 할 것이다.

Q 비용 처리는 어떤 식으로 해야 하나?

A 먼저 사업과 관련한 대출의 경우 대출 금리, 상환 기간, 사업체 현금 흐름에 따라 이자 상환 또는 원리금 상환을 결정해야 한다. 또한, 경비 지출과 관련하여 직원 고용에 따른 급여 지출, 각종 경비 지출 내역, 사업과 관련한 자본 지출 등의 경비와 관련한 관련근거를 확보하고 있어야 경비를 인정받을 수 있고 혹시 있을지 모를 세무조사에도 빈틈없이 대비할 수 있을 것이다.

Q 사례를 들어본다면?

A 일전에 상담했던 가정을 예로 들어보겠다. 이 가정의 경우 매월 800만원의

남편 사업소득과 70만원의 아내 근로소득이 가정으로 유입되고 있었으며, 현금 흐름을 볼 때 사업과 가정의 자금이 분리되어 운용되고 있는 것으로 판단되었다. 동일 연령층의 가정에 비해 월 소득이 크지만 사업소득 특성상 소득의 안정성이 급여소득자보다 떨어질 가능성이 크므로 현금흐름이 원활할 때 지출을 키우기보다는 재무목표에 따른 포트폴리오를 세워 고정투자를 공격적으로 늘려야한다.

위 가정의 경우 5년 이후 사업확장자금 1억원 마련과 자녀의 조기 유학가능성에 따른 교육자금 마련, 주택 구입에 따른 부채 상환, 은퇴 이후 월 250만원 수준의 노후자금 마련 등의 재무목표를 가지고 있으며 현재 5년 임대 후 분양전환되는 주택에 입주하여 5년 이후 잔금 1억원을 내야하는 상황이다.

Q 이 가정의 자산과 현금 흐름 상황은?

A 현재 자산은 5년 공공임대 임대보증금 7,000만원, 상가 투자금 3억원, 정기예금 1,000만원, 연금보험 예상환급금 2,000만원으로 총 4억원이며, 부채는 근로자 전세자금대출 2,000만원, 신용대출 1,000만원을 포함한 3,000만원으로 순 자산은 3억 7,000만원 수준이다. 현재 부동산 자산 위주의 자산구성으로 임대주택 입주로 인하여 금융자산 비중이 2%에 불과한 상황이므로 단기적으로 금융자산의 비중을 확대할 필요가 있으며 5년 이후에는 상가 투자금을 회수하여 주택 확장계획을 세워가는 것이 필요하다.

위 가정의 월간 현금흐름을 보면 매월 가용 소득이 870만원으로, 지출은 생활비 200만원, 교육비 130만원, 대출 이자 15만원, 주택 임대료 48만원, 보장성 보험 45만원으로 438만원 수준이며, 연금보험 85만원을 노후자금 용도로 적립하고 있고, 매월 잉여자금이 347만원이 발생하고 있다.

Q 이 가정의 포트폴리오 전략은?

A 위 가정의 경우 임대주택 입주로 인해 금융자산을 일시에 부동산 자산으로 전환하면서 고정투자되었던 금융상품을 중지 또는 해약했고, 이에 따라 공격적인 고정투자가 중지된 상황이다. 따라서 현재 발생하는 잉여자금을 적극적으로 투자한다면 5년 이후 발생할 것으로 예상되는 사업 확장자금과 임대주택 분양전환시 잔금을 마련하는데 활용할 수 있을 것이다. 만약 월 347만원의 잉여자금 중 300만원을 주식형 펀드에 5년간 연 8% 수익률로 투자한다면 2억 2,000만원을 적립하여 사업확장자금과 주택분양자금으로 활용할 수 있을 것이다.

Q 보험료 수준이 높은 것 같은데?

A 위 가정의 포트폴리오 중 눈에 띄는 것이 바로 보장성 보험과 연금보험이다. 일반적으로 보장성 보험의 경우 4인 가족을 기준으로 20만원이 넘어가면 적정 수준으로 리모델링하는 것이 원칙이다. 단, 위 가정의 경우 남편에 대한 소득 의존도가 크므로 사망 보험금 위주의 종신보험은 유지하되 기타 생명보험사 건강보험은 손해보험사 실손형 통합보험으로 전환하여 의료비 발생에 대비하는 것이 필요하다.

또한 연금보험은 변동금리가 적용되어 50세 이후의 가정이 안정적으로 연금자산을 마련하기에 유리하나 30대 중반의 가정이 연금자산을 마련하기에는 부적절하다. 예를 들어 80만원을 20년간 연 4% 수익률로 적립한다면 2억 9,341만원을 적립할 수 있지만, 연 8%로 적립한다면 4억 7,121만원을 적립할 수 있을 것이다. 따라서 연금보험은 해약한 후 CMA에 이체하여 긴급예비자금으로 활용하고, 월 기회비용은 변액 연금보험에 투자하여 연금자산을 확보하는 것이 바람직하다.

Q 부채 상황은 어떠한가?

A 부채의 경우 근로자 전세자금대출 2,000만원과 신용대출 1,000만원으로 구분되는데, 신용대출의 경우 금리가 연 8% 이상으로 조기에 상환하는 것이 유리하므로 현재의 예금 1,000만원을 활용하여 우선 상환하되, 근로자 전세자금대출은 대출 금리가 연 4.5%에 불과한데다 2년씩 2회 연장이 가능하므로 이자만 상환하다 6년 이후 일시금을 상환하는 것이 유리할 것이다.

자녀 교육자금은 7세와 4세의 자녀에 맞는 교육자금 계좌를 만들어주는 것이 바람직하다. 7세 자녀의 교육자금은 어린이 펀드로 마련하고, 4세 자녀의 교육자금은 아내를 피보험자, 4세 자녀를 종피보험자로 하는 어린이 변액유니버셜보험에 가입한다면 아내의 사망보장과 자녀의 대학교육자금을 모두 마련할 수 있을 것이다.

포트폴리오를 정리한다면?

제안하는 포트폴리오는 다음과 같다.

월간 현금흐름

변경전		변경후	
생활비	200만원	생활비	200만원
교육비	130만원	교육비	130만원
대출이자	15만원	대출이자	8만원
주택 임대류	48만원	주택 임대료	48만원
연금보험	85만원	국내/해외주식형펀드 ; 주택/사업자금	300만원
		KOSPI 인덱스 펀드 ; 대출상환자금	25만원
남편 종신보험	17만원	변액연금보험 ; 노후자금	60만원
부부 암보험	5만원	어린이펀드 ; 첫째 교육자금	20만원
가족 건강보험	23만원	변액유니버셜보험 ; 둘째 교육자금	20만원
잉여자금	347만원	남편 종신보험	17만원
		부부 암보험	5만원
		가족 통합보험	8만원
		잉여자금 ; CMA 이체	29만원

보유자산 포트폴리오

변경전		변경후	
주택임차보증금	7,000만원	주택임차보증금	7,000만원
상가투자금	30,000만원	상가투자금	30,000만원
정기예금	1,000만원	정기예금 ; 신용대출상환	
연금보험 예상 해약환급금	2,000만원	연금보험환급금 ; CMA 이체	2,000만원
근로자전세자금대출	−2,000만원	근로자전세자금대출	−2,000만원
신용대출	−1,000만원		

7) 20대 미혼여성의 재무관리

Q 20대 미혼여성은 황금기라고 하는데, 이런 20대 여성이 변하고 있는 것 같다. 한 때는 소비의 여왕으로 불리워졌지만, 최근에는 알뜰하게 재테크하는 20대 여성도 많아진 것 같은데?

A 맞다. 실제로 현장에서 상담을 하다보면 20대의 여성들이 달라지고 있다는 것을 많이 느끼게 된다. 20대 미혼여성은 저금리의 지속과 자아실현 욕구가 강해지면서 당당히 나만의 전문영역을 갖고 홀로서기를 꿈꾸고 있다.

20대 미혼여성은 학업을 마치고 직상생활을 통해 고정적인 수입을 갖고 있지만, 가족의 부양의무가 없어 경제적으로 다소 여유가 있는 세대이다. 또한 다른 관점에서는 직장 새내기로서 자신의 직업관을 정립하는 시기이며, 제2의 인생계획을 수립하고 평생 실천해 나가야 할 재무관리를 시작하는 인생 설계의 시기이다.

Q 20대의 여성은 재무관리를 어떻게 해야 하나?

A 20대 여성이 재무관리를 제대로 하면 미래가 확연히 달라질 수 있다. 물론 독신을 꿈꾸는 경우와 결혼을 생각하는 사람의 경우가 차이가 있는 것은 분명하지만 재무관리를 처음부터 시작하느냐 아니냐에 따라 미래의 모습이 달라질 수 있다.

사례를 통해서 구체적으로 생각해보자.

(사례)

이 사례자는 직장생활 1년차로 24세의 미혼여성이다. 5년후 결혼 예정이며, 월 소득은 세후 205만원이다. 매월 소비지출은 총 97만원으로 동생 학비와 부모님 용돈으로 월 50만원이 지출되고 있으며, 본인용돈 35만원, 통신비 5만원, 실손 의료비 보험료로 매월 7만원이 지출되고 있다.

저축은 총 100만원을 하고 있는데, 결혼자금으로 적립식 펀드 30만과 새마을금고 정기적금 20만원을 넣고 있었으며, 장기주택마련저축에 45만원, 청약저축에 월 5만원을 불입 중이다. 여유자금 및 보너스 등은 CMA에 불입하여 매년 여행자금으로 지출할 계획을 가지고 있었다.

꿈 많은 20대 미혼여성의 모습인데, 현재의 재무상황을 구체적으로 살펴준다면?

A 전형적인 20대의 모습인데 우선, 현금흐름부터 살펴보자.

현금흐름표

수입		지출	
		(소비성지출)	97만원
		생활비 및 용돈	90만원
		보장성보험료	7만원
월평균 소득(제비용공제후)	205만원	(비소비성지출)	108만원
		정기적금 및 적립식펀드	50만원
		장기주택마련저축	45만원
		청약저축	5만원
		여유자금(CMA)	8만원
합계	205만원	합계	205만원

현금 흐름을 보면, 가족용돈 등 생활비로 90만원, 보장성 보험료 7만원, 저축과 투자로 108만원이 지출되고 있어 수입대비 저축률이 50%를 넘고 있다. 착실하게 목적자금별로 플랜을 세운 것으로 보이는데, 다만 소득공제 효과를 볼 수 있는 장기주택마련저축은 본인의 연소득이 3,000만원에 못 미쳐 공제 효과가 그다지 크지 않다는 것을 감안할 때 저축 금액 자체가 과다한 것으로 보인다.

Q 20대에 맞는 재무관리 방안을 제시한다면?

A 20대 여성은 구체적인 인생 이벤트-예를들어 주택 마련, 대학원 진학, 결혼 등-를 세우고 그 이벤트에 맞는 재무계획을 세워야 한다. 목표를 세우면 실패를 두려워하지 말고 과감하게 실행에 옮기는 결단력도 필요하다. 인생 이벤트를 즐겁게 맞이하기 위해서는 목돈을 만드는데 주력해야 하며, 최소한 결혼비용은 내가 번다는 생각으로 적극적인 재무관리에 나서야 한다. 금융상품에 대한 정보력 보다는 일정 금액을 꾸준히 저축하는 단순한 시스템을 구축하는 것이 필요하다.

Q 구체적으로 20대의 재무관리 원칙을 말한다면?

A 먼저 선저축 후 소비구조를 구축해야 한다. 직장생활을 하다 그동안 자기가 받은 연봉을 계산해보면 직장생활을 충분히 했음에도 불구하고, '어! 내가 이렇게 많이 받았나? 그런데 모인 돈은 왜 이렇게 적지?'하는 후회와 탄식을 하는 경우가 많다.

특히 미혼에게 적지않은 유혹이 있는데, 폼 나게 여행도 해보고, 하루 종일 격무에 쌓인 스트레스를 유흥을 통해 풀어보고 싶고, 지름신이 강림해서 계획없이 쇼핑도 해보고 싶은 것이 인지상정이다. 하지만 분수에 맞지 않는 과소비는 미혼시절의 최대 적이다. 따라서 급여액의 50%이상을 기계적으로 저축한 후 남는 돈으로 소비하는 것이 가장 중요하다.

또한 돈 모으는 재미를 느끼기 위해 돈에 목적에 맞는 꼬리표를 달되 단기적인 이벤트부터 철저히 준비하는 것이 중요하다. 미혼은 여행, 대학원 진학, 내 집 마련, 결혼 등 꿈도 많고 하고 싶은 것도 많기 때문에 각각의 재무목표에 맞게 꼬리표를 단 저축상품을 가입하는 것이 중요하다. 6개월 후 여행, 1년 후 대학원진학, 3년 후 결혼이라는 각각의 통장을 만들되 단기상품위주로 CMA, 비과세 정기적금 등을 활용하고, 3년 정도의 목적자금은 적립식펀드를 활용하는 것이 좋다.

마지막으로 주택청약에 대한 준비를 시작해야 한다. 주택청약 종합저축통장을 가입해서 내 집 마련을 위한 준비를 시작해야 한다. 장기적인 관점에서 가입하되 매월 10만원씩 꾸준히 불입하는 것이 중요하다.

Q 미혼 여성의 위험 관리 요령은?

A 미혼 여성의 경우 신체적 위험을 질병이나 상해에 대비한 보장성 보험 위주로 준비해야 한다. 상해 및 질병을 중심으로 보장하되 특히 여성특정질환에 대한 준비도 해야 하며, 가족력이 있는 경우 가족력에 맞는 보험설계가 필요하다. 보험료는 실손 의료비중심으로 월 소득의 5% 내외로 지출하는 것이 좋다. 또한 자기개발을 위한 계획을 세우고 이를 위한 비용을 산정해두는 것이 좋다. 자기개발 비용을 소득의 5~10% 범위 내에서 지출해서 골드미스로서의 삶에 대한 충실하게 준비하는 것이 필요하다.

Q 사례자의 경우 변화를 준다면 어떻게 해야 하나?

A 사례자의 경우는 착실한 준비가 되어 있어서 간단한 변화만 주면 행복한 미래를 준비할 수 있을 것으로 보인다.

변 경 전		변 경 후	
(소비성지출)	97만원	(소비성지출)	97만원
생활비 및 용돈	90만원	생활비 및 용돈	90만원
보장성보험료	7만원	보장성보험료	7만원
(비소비성지출)	108만원	(비소비성지출)	108만원
정기적금	20만원	**정기적금**	**40만원**
적립식펀드	30만원	적립식펀드	30만원
장기주택마련저축	45만원	**장기주택마련저축**	**15만원**
청약저축	5만원	**청약저축**	**10만원**
여유자금(CMA)	8만원	**자기개발비용**	**13만원**
합계	**205만원**	**합계**	**205만원**

8) 맞벌이 하다 한 명이 휴직하는 가정

Q 여성들의 사회 진출이 늘어나면서 맞벌이를 하면서 자녀를 키우는 가정이 늘

고 있다. 하지만 사회적인 보육 시스템이 완벽하게 갖춰져 있지 않은 상황에
서 자녀 양육과 직장 생활을 병행하기는 쉽지 않기 때문에, 자녀가 태어나면
아내가 직장을 일시 휴직하는 경우가 많은데?

A 맞벌이를 하다 한 명이 일시 휴직을 하거나, 직장을 그만두는 경우에 월 소득
이 절반 정도 줄었지만, 지출은 그만큼 줄이지 못해 재무 상황이 악화되는 가
정이 많이 있다 . 사례를 통해서 해결책을 찾아보자.

(사례)
맞벌이 부부 정명재(31세)씨와 나유나(31세)씨는 동갑내기 부부로 첫째가 4살
이고, 올해 둘째가 태어날 예정이다. 현재 전세 2억원에 아파트에 거주하고
있으며, 금융 자산은 현금성 자산 100만원, 보통예금 200만원, 장기주택마련
저축 1,000만원, 공무원공제 1,700만원이 있으며, 자녀 교육자금 명목으로
중국펀드에 가입하여 현재 평가금액은 1,000만원이다.

부채는 없으며, 수입은 부부를 합산하여 월 500만원이다. 매월 저축하는 형
태는 남편 장기주택마련저축 60만원과 배우자 연금저축펀드 20만원, 주식형
펀드 50만원으로 총 월 130만원을 저축하고 있고, 생명보험 20만원, 주택관
리비 20만원, 생활비 100만원, 육아 도우미 50만원, 가족 용돈 본인 50만원,
배우자 30만원, 부모님 용돈 70만원으로 총 340만원이 지출되고 있다.

현재 변수는 아내가 올해 출산을 하면, 2년 정도 휴직을 할 계획인데, 이 경
우 수입이 월 500만원에서 월 300만원으로 떨어진다. 따라서 아내의 휴직에
대비하면서 자녀교육과 은퇴에 대한 대비를 원하고 있다.

Q 이 가정의 현 보유 자산 현황을 평가한다면?

A 사례자의 경우 순 자산이 2억 4,000만원 수준으로 30대 초반임을 감안할 때, 동일 연령층과 비교하여 자산 수준이 높은 수준이지만, 부동산 위주의 자산 구성으로 금융자산 비중이 떨어진다는 단점이 있다.

특히 언제라도 찾을 수 있는 유동성의 경우 CMA 등에 300만원이 확보되어 있지만, 향후 자녀가 출생할 경우 보육비 증가가 예상되고, 소득도 200만원 이 줄어 현재와 같은 월 지출시 적자가 예상되므로 단기적으로 현금성 자산 의 확보가 중요하다.

자산		부채
전세보증금	200,000,000	
현금 및 보통예금	3,000,000	
장기주택마련저축	10,000,000	0
공무원 공제	17,000,000	
주식형 펀드	10,000,000	
순 자산 합계	**240,000,000**	

Q 맞벌이에서 외벌이로 바뀌는데 고려해야 할 사항이 있다면?

A 일반적으로 맞벌이 가정의 경우 소득이 외벌이 가정에 비해 높다보니 빚지는

것을 두려워하지 않고 생활 수준을 급격히 올리려는 경향이 있다. 특히 주택 구입비, 교육비 등에서 이런 성향을 보이기 쉬운데, 소득이 지속되면 특별히 재무적인 문제가 불거지지 않지만, 한 명이라도 소득이 중단되게 되면 높아진 생활비를 낮추지 못하고, 재무 상황이 악화되는 경우가 많다.

실제로 미국의 경우, 맞벌이 가정의 파산이 외벌이 가정에 비해 2배 이상 높은 것으로 나타나고 있으며, 이는 맞벌이를 하다 부부 중 한 명이 퇴직하면서 높은 주택 구입비용과 교육비를 감당하지 못했기 때문이다.

위 가정의 경우는 물론 완전히 퇴직하는 경우는 아니지만, 자녀 출산 후 2년간 소득이 200만원 줄어들 예정이므로 남편의 소득에 맞춰 지출을 합리적으로 줄이는 것을 지금부터 훈련하는 것이 필요하다.

Q 현재의 지출 상황과 저축 상황을 분석한다면?

A 현재 일반 생활비, 용돈, 육아비 등의 생활비로 매월 250만원의 생활비가 지출되고 있으며, 부모님 용돈까지 감안할 경우 월 340만원이 생활비로 지출되어 아내 출산 시 적자 가계가 예상된다.

부모님의 용돈을 2년간 드리지 않는다면 관계가 없지만, 꼭 드려야하는 상황이라면 육아 도우미 역할을 아내가 함으로써 월 생활비를 200만원 선으로 낮추는 것이 필요하다.

저축의 경우 월 130만원을 저축하고 있어 가용자금을 감안할 경우 저축 금액은 적정선을 유지하고 있는 것으로 판단되지만, 현재 투자되고 있는 것을 보면 절세와 관련한 소득공제용 금융상품에 주로 투자되고 있어, 단기적으로 아내의 휴직에 대비하고 장기적으로 자녀 교육자금과 은퇴자금을 마련하고자 하는 가정의 재무목표에는 맞지 않다. 따라서 이에 맞는 전반적인 리모델링이 필요한 상황이다.

수입		지출	
		생활비 및 육아비	2,500,000
		생명보험	200,000
		장기주택마련저축	600,000
근로소득	5,000,000	연금저축펀드	200,000
		주식형 펀드	500,000
		부모님 용돈	700,000
		가용 자금	300,000
수입 합계 5,000,000		지출 합계 5,000,000	

Ⓠ 현재 가지고 있는 금융상품을 어떻게 리모델링 해야할까?

Ⓐ 2010년 이전에 가입한 장기 주택마련저축의 경우 연 300만원을 한도로 불입액의 40%를 소득공제해주고, 7년 이상 유지시 비과세 혜택을 주고 있지만 금리가 상대적으로 낮다는 단점이 있다.

또한 연금저축펀드의 경우 연 300만원을 한도로 불입액의 100%를 소득공제 해주는 매력적인 상품이지만, 이를 해약할 경우 소득공제를 받은 원리금에서 22%를 기타소득세로 과세하며, 만기까지 유지하더라도 일시금으로 찾는다면 역시 원리금에서 22%를 과세한다.

즉, 소득공제 받을 때는 좋지만, 차후 이를 자녀교육자금으로 활용하기 어려우며 연금으로 받더라도 내가 마련한 금액의 10%에 달하는 연금액이 세금으로 환수된다는 결론이 나온다.

이를 감안할 때 장기 주택마련저축은 매월 불입하는 금액을 대폭 낮추고 연금저축펀드는 임의식으로 전환한 후 장기적인 자녀 교육자금과 은퇴와 관련한 자금을 마련하기 위한 포트폴리오를 다시 세우는 것이 좋다.

Q 한 명의 소득이 중단되는 이 가정의 재무목표에 맞는 포트폴리오는?

A 이 가정은 단기적으로 아내 휴직에 따른 긴급 자금 확보, 중장기적으로 자녀 교육 자금 마련과 은퇴 자금 마련이라는 재무목표가 있다. 현재 매월 투자 가능한 여력이 월 160만원이지만 아내 휴직시 투자 가능 금액이 50만원 이하로 줄어들기 때문에 이를 감안하여 투자 전략을 세워야 한다.

따라서 긴급자금을 위해서는 CMA에 매월 100만원을 자녀 출산시까지 불입하여 긴급자금을 현 300만원에서 600만원으로 올리는 것이 필요하다.

자녀 교육자금의 경우, 현가 6,000만원을 마련한다고 가정한다면 첫째와 둘째를 위해 각각 월 20만원을 저축하는 것이 필요하며, 꾸준히 장기투자할 경우, 자녀가 대학가는 시점에 대학자금을 마련하는 것이 가능하다.

단, 이 경우 자녀가 어리기 때문에 단순히 자녀의 교육자금만을 마련한다기보다 부모가 유고시에도 자녀가 독립할 수 있는 시스템을 함께 가져가는 것이 좋으며, 이 경우 단순한 주식형 펀드보다 부모의 사망 보장을 강화한 어린이 변액유니버셜보험이 유리하므로 주식형 펀드와 어린이 변액유니버셜보험에 각각 20만원을 불입하는 것이 좋다.

남은 20만원의 경우 은퇴 이후를 고려하여 투자형 연금 상품을 선택하는 것이 바람직하다.

Q 보험의 경우 잘 가입은 되어 있나?

A 사실 월 포트폴리오 상 보장성 보험 가입에 문제가 있다. 보험료가 20만원 수준이지만, 정액보상형 생명보험으로 가입이 되어있어 일부 입원비와 수술비가 보장이 되지만 일반적인 의료비 발생에 취약한 상황이며, 소득원 사망시 보장금액도 1억원이 되지 않는다.

따라서 의료비 발생을 보장받기 위해서는 실제 발생한 의료비를 보상받는 손해보험사 실손의료비 보험에 가입을 해야하며, 사망보장의 경우 은퇴 이전까지만 보장받는 계획을 세운다면 사망보험료를 30% 이하의 수준으로 낮출 수 있다.

9) 아이가 태어나면 바뀌는 경제

Q 아무래도 아이가 태어나면 경제 환경이 바뀌면서 많은 가정이 재무적인 고민에 빠지게 된다. 아이가 태어나는 가정의 다른 사례를 한번 알아보면 좋을 것 같다.

A 맞다. 맞벌이 부부가 임신을 하면 가장 큰 고민이 '육아를 하면서 직장생활을 할 것인가?'와 자녀양육과 교육에 필요한 자금마련문제이다. 다른 사례를 통해서 재무 관리 방법을 알아보자.

(사례)

31세 직장여성으로 임신 4개월째인 맞벌이 부부의 사례이다. 이 부부의 합산 월 소득은 세후 350만원이고, 매월 지출현황은 생활비 200만원, 정기적금 10만원, 국내펀드 50만원, 해외펀드 30만원, 청약저축 10만원, 장기주택마련저축 21만원, 보장성 보험 15만원이다.

자산현황은 현재 거주하고 있지만 내년에 임대 기간이 만료되는 임대아파트 보증금 6,300만원, 국내펀드 400만원, 해외펀드 1,600만원, 장기주택마련저축 500만원, 청약예금 500만원, 청약저축 600만원, 정기적금 200만원, 주식투자금 1,500만원이 있다.

주택문제도 있고, 맞벌이를 지속해야 할지도 고민인데 자녀 교육과 관련한 돈을 어떻게 마련해야 할지 궁금하다.

Q 임신 4개월 차의 맞벌이 가정인데 이 가정의 재정 상태를 구체적으로 살펴보면 어떤 상태인가?

A 이 가정의 자산상태와 현금흐름을 살펴보면, 다음과 같다.

재무상태표

자산		부채와 순자산	
임대아파트 전세보증금	6천3백만원	(부채)	0원
주식직접투자	1천5백만원		
금융 자산(누적액기준)	3천8백만원	(순자산)	1억1천6백만원
합계	**1억1천6백만원**	**합계**	**1억1천6백만원**

이 가정의 재무 상태를 살펴보면, 임대아파트 보증금과 금융자산을 합해 1억 1,600만원이고, 부채는 없으므로 순자산이 1억 1,600만원이다. 이중 금융자산이 5,300만원으로 자산대비 금융자산 비율이 45%로 상당히 양호한 자산구조를 가지고 있다. 금융자산 중 간접투자형자산은 2,000만원, 직접투자자산 1,500만원, 유동성예금 1,800만원으로 포트폴리오가 구성되어 있다.

현금흐름표

수입		지출	
		(소비성지출)	200만원
		생활비(관리비 포함)	200만원
		(비소비성지출)	150만원
월평균 소득	350만원	정기적금	10만원
		적립식펀드(국내주식형)	50만원
		적립식펀드(해외주식형)	30만원
		청약저축	10만원
		장마저축	21만원
		보험	15만원
		기타여력	14만원
합계	**350만원**	**합계**	**350만원**

현금흐름을 보면, 매월 수입이 부부합산 350만원이고, 소비성 지출은 200만 원, 저축과 투자로 들어가는 금액은 150만원이다. 수입대비 저축비율은 43% 로 적정수준이나 추가저축이 필요할 것으로 보인다. 저축내용을 보면, 적금 24만원, 장기저축 31만원, 펀드 80만원, 보장성보험 15만원으로 나쁘지 않지만, 자녀출산 등을 고려하면 단기자금에 대한 증액이 필요하다.

Q 이 가정은 맞벌이부부지만 고려해야 할 점들이 많은 것 같은데?

A 그렇다. 이 가정에 중요한 한 가지는 아이가 생기면서 달라지는 경제적 문제

를 적극적으로 준비해야 한다는 것이다. 우선, 맞벌이의 지속여부를 가장 크게 고려해야한다. 30대 초반으로 임신 4개월이므로 최소한 5개월 이후에는 출산이라는 사건이 있고, 이로 인해 아이 양육이라는 문제가 발생하게 된다.

문제는 이때 맞벌이 지속여부를 결정해야 한다는 것이다. 육아에만 전념하게 된다면 가계소득에 문제가 발생하고, 맞벌이를 지속한다고 하더라도 아이 양육을 대신해줄 사람을 구해야 한다. 대체로 육아문제를 부모님한테 의존할 수 있다면 좋겠지만 그렇지 못하다면 매월 100만원 이상의 비용이 지출될 수밖에 없다는 점을 고려해야만 한다.

또한 내년에 임대아파트 임대기간이 만료되어 이사를 해야하는데 분양을 받거나 전세이전을 검토해야 한다. 따라서 지금부터 두 가지 이벤트에 대한 필요한 자금을 계획하고 준비해야 한다.

Q 아이가 생기면서 달라지는 변화는 무엇이며, 어떻게 준비해야 하나?

A 아이가 생기면 달라지는 첫 번째는 부부중심의 삶에서 아이중심의 삶으로 바뀐다는 것이다. 여기에는 아이에 대한 경제적 비용이 수반되는데 산전진단비, 기형아검사, 출산관련비용, 산후조리원, 기저귀값, 분유값 등의 비용만 아이가 두돐이 될 때까지 1,000만원의 돈이 필요하고, 초등학교 들어갈 때까지 2천~4천만원이 필요하다.

또한 초등학교에서 고등학교 졸업시까지 1억~1억 5,000만원이 필요하며, 대학교기간동안에는 5,000만원정도의 돈이 필요하다. 이렇게 보면, 자녀를 양육하고 교육시키는데 1억 8,000만원~2억 5,000만원의 돈이 필요하다는 얘기가 된다.

이 때 부모가 소득 능력을 유지하고 있다면 양육과 교육비 문제가 크게 다가오지 않겠지만, 자녀가 대학에 들어갈 때 쯤이면 부모가 은퇴를 하거나 은퇴를 얼마 남겨두지않은 상태이므로 퇴직금 중간정산이나 대출을 받아서 자녀교육비를 해결해야 하는 상황이 발생할 수도 있다.

Q 자녀양육과 교육자금은 특성이 있어서 준비하는데도 다른 방식을 택해야 한다고 하던데?

A 양육과 교육자금의 특성은 자녀출산과 동시에 지출이 시작돼서 자녀가 대학을 졸업할 때까지 20년 이상 지속된다는 점이다.

이런한 특성이 있기 때문에 양육 및 교육자금을 모으는 방법은 두 가지 방식을 택하는 것이 좋은데, 일단 유동 자금을 CMA에 확보하여 다음해에 필요한 자금을 연초부터 저축해가는 것이 좋다. 또한 대학에 초점을 맞추되 각급학교 입학시점에 맞춰서 기간별 자금준비를 한다면 해당 시점에 교육비 부담이 줄어들 것이다.

Q 이 가정이 내년에 이사를 해야 하는데 자녀출산으로 맞벌이를 지속아시 못한

다면 어떤 변화를 줘야 하나?

A 일단, 소비성 지출을 합리적으로 줄이는 전략이 필요하다. 1년 이내에 외벌이로 전환하면 월 150만원 정도가 줄어들어 수입이 급감하고 자녀 양육비 항목의 추가가 예상되기 때문에 이에 대한 준비를 철저히 해야 한다. 매월 수입이 줄어들 것을 감안해서 지금부터 아내의 소득이 없는 것으로 생각하고 여유자금을 만들어야 한다.

또한 내년에 분양을 받거나 장기 전세와 같은 임대 주택 입주를 고려해야 하는 상황이니 주식 투자금, 정기적금, 적립식펀드 등을 활용해서 이에 대한 자금을 준비하고, LH공사 또는 SH공사의 홈페이지에 나오는 정보를 지속적으로 확인하는 것이 필요하다.

Q 이 가정의 포트폴리오는 어떻게 구성하는 것이 좋은가?

A 우선 현재 자산은 자녀출산자금과 내년 12월 입주를 위한 자금으로 활용을 하면 되는데 청약저축은 청약하는데 사용하고, 청약예금을 비롯해서 나머지 자금은 출산 및 입주자금으로 활용하면 될 것으로 보인다. 5개월 후면 출산에 들어가게 되기 때문에 현재 상태의 저축구조를 거의 그대로 유지하되 생활비 부분은 긴축하여 150만원 수준으로 조정하고, 50만원 이상을 단기 저축하여 유동성 자금으로 확보해야 한다.

변경전		변경후	
(소비성지출)	200만원	(소비성지출)	150만원
생활비(관리비 포함)	200만원	생활비(관리비 포함)	150만원
(비소비성지출)	150만원	(비소비성지출)	200만원
정기적금	10만원	**단기적금(6개월)**	**50만원**
적립식펀드(국내주식형)	50만원	**장마저축**	**10만원**
적립식펀드(해외주식형)	30만원	정기적금	10만원
청약저축	10만원	청약저축	10만원
장마저축	21만원	적립식펀드(기존)	80만원
보험	15만원	보험	15만원
기타여력	14만원	**CMA**	**25만원**
합계	**350만원**	**합계**	**350만원**

10) 가계부 관리

Q 부자가 되는 지름길은 새는 돈을 막는 것이라고 지속적으로 강조하고 있다. 여기의 시작은 가계부 작성일텐데, 사실 꾸준히 쓰기가 매우 어려운 것 같다.

A 상담을 하다보면 '많이 버는 것 같은데, 막상 연말이 되면 남는게 없다. 그래서 일의 즐거움도 그만큼 덜하다.'라는 말을 종종 듣게 된다. 이의 원인은 돈

관리를 철저하게 하지 않아서인데 가계부를 써보면, 총 수입과 지출 쉽게 파악이 돼서 자연스럽게 불필요한 소비를 줄이고, 저축액을 늘릴 수 있다. 사례를 통해 돈 버는 가계부 관리를 알아보도록 하자.

(사연)

사례자는 31세로 결혼 3년차의 주부이며, 3개월 된 딸이 있다. 현재 재산 상태는 24평 아파트 시세 1억5천만 원, 현금 200만원이 있으며, 부채는 아파트 담보대출 2,300만원이 있다.

남편은 동갑내기로 A/S기사를 해서 수입은 세후 280만원이며, 생활비 180만원, 대출이자 16만원, 보험료 36만원이 지출되고 있다. 남는 돈은 CMA통장에 넣고 있는데, 아직 특별한 관리를 못하고 있어 걱정인 상황이다.

Q 30대 초반의 부부인데 매달 발생하는 돈 관리에 대한 고민이 많다. 우선, 이 가정의 재무 상태부터 살펴준다면?

A 30대 초반의 부부로 내 집 마련을 빨리 해서인지 매월 지출관리를 정확하게 하고 있지 못하고 있는 상황이다.

우선, 자산상태와 현금흐름부터 살펴보면,

재무상태표

자산		부채와 순자산	
		(부채)	2천3백만원
아파트	1억5천만원	담보대출	2천3백만원
현금자산	2백만원	(순자산)	1억2천9백만원
합계	**1억5천2백만원**	**합계**	**1억5천2백만원**

현재, 이 가정의 재무 상태를 살펴보면, 아파트와 현금자산을 합해 1억5천2백만 원이고, 부채는 담보대출 2천3백만원이 있어서 순자산이 1억2천9백만원이다. 30대 초반임을 감안할 때 자산 상황은 좋은 편이다.

현금흐름표

수입		지출	
		(소비성지출)	196만원
		생활비(관리비,차량유지비 포함)	180만원
		대출이자	16만원
월평균 소득	280만원	(비소비성지출)	36만원
		보험	36만원
		여유자금	48만원
합 계	**280만원**	**합계**	**280만원**

현금흐름을 보면, 매월 수입은 280만원이고, 소비성 지출은 192만원, 보험료 36만원 그리고 CMA에 들어가는 돈이 48만원이 있다. 보험에 대한 비중이 소

득대비 10%를 넘고 있고, 아이가 하나밖에 없는데 소비성 지출 비율이 소득 대비 65%를 차지하고 있어서 과도한 상황이다.

Q 이렇게 지출관리가 안될 경우 가계부를 쓰는 것이 도움이 되나?

A 새는 돈을 막을 수 있다는 생각으로 가계부에 구체적인 소득/지출 상황을 기입하다보면, 돈을 어디에 썼는지 우선 파악이 되기 때문에 무분별한 소비를 줄일 수 있다. 또한 한 달 예산을 짜고 그에 맞는 소비패턴을 잡을 수 있으므로 돈에 대한 걱정이 줄어들게 된다.

즉, 가계부를 작성함으로서 총수입과 지출의 흐름을 정확히 파악하여 불필요한 과소비와 지출을 예방하고, 저축액을 늘리는 것이 가능해지는 것이다. 물론 쓰는 것이 귀찮기는 하지만 습관이 되면 돈 관리에 재미가 붙게 된다.

Q 그렇다면 가계부를 어떻게 써야 하나?

A 우선, 최근 한 달 동안 사용한 내역을 근거로 해서 개인의 상황에 맞는 항목을 나눠서 한 달 예산을 짜고, 그에 맞는 소비패턴을 생활해 가면서 기록하면 되는데, 예산을 세울 때 항목은 고정지출, 공과금, 문화생활비, 식음료비, 차량관리비 등 5가지 정도로 구분하고, 각각에 대한 한도액을 정해서 총지출액이 월 소득의 70%를 넘지 않도록 시도해 볼 필요가 있다.

항목	내용	예시 내용
고정지출	매월 동일한 금액이 나가는 항목 (1년동안 변하지 않을 항목)	할부금, 용돈, 보험료, 대출이자, 학원비 등
공과금	주거 환경과 관련되어 매월 나가는 항목	전기세, 수도세, 가스요금, 통신비, 기타세금, 관리비 등
문화생활비	사회활동, 경조사와 관련되어 나가는 항목	생활비품비, 사회활동비, 여가생활비, 경조사비 등
식음료비	음식을 포함한 먹거리로 나가는 항목	식비, 외식비, 간식비 등
차량관리비	자동차에 관련된 비용	주유비, 차량수리비, 자동차보험료 등

이러한 내용을 항목에 맞춰서 착실하게 기입하면 된다.

Q 지출항목을 정할 때 신용카드가 걸리는데 신용카드 지출은 어떻게 정리해야 하나?

A 신용카드는 편리함이 있는데 반해 가계소비를 통제하는데 방해가 된다. 따라서 되도록 체크카드를 사용하되, 신용카드는 1개로 제한해서 사용하고, 매월 사용한도를 고정시켜 그 범위 안에서만 사용하는 것이 좋다.

신용카드 영수증을 보고, ㅇㅇ주유소는 차량관리비에 넣고, ◉◉수산은 식음료비에 넣고, ◎◎미용실은 문화생활비에 넣은 방식으로 현금지출과 합산해서 기록하면 된다.

Q 가계부를 쉽게 적는 방법은 뭐가 있나?

A 너무 10원단위까지 자세히 쓰거나 잘 쓸려고 부담갖지 않는 것이 필요하다. 초보들이 가계부 잘 쓸 수 있는 3가지 방법을 소개한다.

첫째, 고정비용은 감안하고 계산해야 한다. 처음 가계부를 쓰는 사람은 전월 혹은 전년도 비교자료가 없기 때문에 예산을 잡을 수가 없다. 따라서 적금, 보험금, 각종공과금, 부모님 생활비 등 고정적으로 들어가는 돈을 미리 떼어 놓고, 나머지 수입지출만 초과되지 않도록 해야한다.

둘째, 지출내용은 매일 틈틈이 메모한다. 사용한 금액과 지출내용을 잊지않고, 그날 바로 적는 것이 기본이다. 한꺼번에 몰아쓰면 시간이 오래 걸리고, 품목과 가격이 기억나지 않아 중도에 포기할 수도 있으니 매일 기록하는 것이 좋다. 영수증을 받지 못한 것은 메모지를 활용하는 것이 좋다.

셋째, 기록할 때 항목별로 나누어 정리한다. 금액을 적을 때는 각각의 총합을 올리면 더욱 편리하지만 각각의 항목을 대분류, 소분류식으로 정리하면 어느 항목에서 절약할 수 있는지 분석할 수 있고, 예산잡기도 좋다.

Q 가계부를 쓸 때 종이가계부도 있고, 인터넷가계부도 있는데 어떤 것이 더 좋은가?

A 가계부하면 주로 공책이나 책과 같은 형태이지만 최근에는 인터넷 가계부를

많이 이용한다. 책으로 된 가계부는 전체적인 흐름을 파악하는데 유리하고, 글쓰기 특유의 손맛과 애착이 더 해지는 장점이 있다. 인터넷가계부는 무엇보다 복잡한 계산이나 통계처리를 자동으로 할 수 있고, 보관과 관리가 쉽다는 장점이 있다. 주거래 은행으로 이용할 경우 여러 계좌와 연결해서 관리할 수도 있다.

다만, 처음부터 인터넷 가계부를 쓰는 것보다는 종이가계부를 쓰다가 가계부에 어느 정도 익숙해지면 인터넷가계부로 옮겨타는 것이 좋다. 습관이 생겨야 불편한 게 뭔지 알 수 있기 때문이다.

11) 사랑스러운 우리 아이 교육자금 만들기

Q 대학 등록금 1,000만원 시대라고 한다. 일반 물가의 2~3배에 달하는 교육 물가 상승률로 인해 많은 가정이 어려움을 겪고 있는데, 최근에는 대학 등록금뿐만 아니라 취업난이 심해지면서 대학생에 소요되는 사교육비도 점점 높아지는 추세이다.

A 상담을 하다보면 자녀 교육자금에 대한 문의가 가장 많은 것 같다. 한 예를 들면, 지방에 거주하는 50대 가장과 상담을 한 적이 있는데, 둘째 자녀의 대학자금 문제로 고민이었다. 둘째 자녀가 자신이 거주하고 있는 시망으로 내

학을 가면 1년에 1,500만원 정도 들어가는데, 만약 서울로 유학을 가면 1년에 1,000만원이 추가로 들어간다고 고민이 많았다.

Q 그렇다면 4년을 계산한다면 적어도 6,000만원에서 1억원이 들어간다는 얘기가 된다.

A 맞다. 상당히 많은 가정이 자녀의 대학 관련 교육자금을 미리 마련하지 못해 대출을 받아 등록금을 내거나, 등록금을 내지 못해 휴학을 하는 경우도 많다.

고등학교 때까지의 교육비는 대부분의 경우 가정의 현금 흐름 한도 내에서 지출이 가능하지만, 목돈이 들어가는 대학 등록금의 경우 현금 흐름 상에서는 대처가 어려운 경우가 많으므로, 미리 대비를 하는 것이 필요하다.

Q 일반 가정에서 자녀의 대학 교육자금을 만들기 위해서는 어떤 점을 주의해야 할까?

A 먼저, 교육비에는 단기적인 사교육비와 장기적인 대학 교육비가 있다는 것을 인식하고, 장기적인 대학 교육자금을 마련을 위해 적은 돈이라도 꾸준히 저축한다라는 인식의 전환이 필요하다. 자녀가 태어났을 때 10만원씩 꾸준하게 20년간 연 8% 수익률로 투자하게 되면 4,160만원이 적립되어 자녀 등록금으로 훌륭하게 사용될 수 있을 것이다.

많은 가정들이 단기적인 사교육비 지출에 지쳐서 장기적인 대비를 소홀히 하는 경우가 많은데, 이는 미래의 닥쳐올 상황에 도움이 되지 않는다.

또한 교육 물가 상승률은 일반 물가 상승률의 두 배가 넘는 7~8% 정도이므로 물가를 극복할 수 있는 투자 전략을 세우는 것도 중요한 포인트라 하겠다.

Q 자녀의 나이에 따라서 대학 교육자금을 마련하는 투자 전략이 바뀔 것 같은데?

A 일반적으로 투자는 기간에 따라서 투자 전략이 바뀐다. 일반적으로 3년 이내의 투자는 물가를 극복하는 것보다 투자의 안정성을 중요하게 생각해야하므로 예금 위주의 보수적인 투자가 유리하며, 3년 이상의 투자는 물가를 극복하기 위한 공격적인 투자가 이뤄져야 한다.

이를 그대로 자녀 나이에 옮겨보면, 자녀가 고등학생일 경우에는 대학에 갈 시점이 얼마 남지 않았으므로 자녀 교육자금을 원금이 보장되는 정기 적금이나 정기 예금으로 마련하는 것이 좋고,

자녀가 초등학생이거나 중학생일 경우 물가를 극복해야 하므로 정기적금 보다 공격적인 주식형 펀드로 자금을 마련하는 것이 좋다.

그리고 자녀가 취학 전 아동일 경우에는 10년 이상 투자시 유리한 변액유니버셜보험이 가장 효과적인 투자 수단이 될 것이다.

Q 대학 교육자금을 만들 때 고려해야 할 다른 요소는 없나요?

A 일반적으로 대학 교육자금을 만들때 고려해야 위험은 두 가지이다.

첫 번째 위험은 자녀가 대학에 진학할 때 준비된 자금이 없을 위험이다. 이 위험을 제거하기 위해서는 앞서 설명한 대로 자녀의 나이에 따라 투자전략을 세워서 지금부터 일정부분을 저축해가면 해결될 것이다.

하지만 만약 부모 중 소득원의 유고 상황이 발생할 경우 자녀의 교육자금을 위해 저축할 자금 자체가 없어지는 위험도 있다. 따라서 소득원의 유고 상황이 발생하더라도 자녀의 교육자금을 지킬 수 있는 전략을 세워야 한다.

Q 부모 유고 상황에서도 자녀 교육자금을 지킬 수 있는 전략은 무엇인가?

A 부모의 유고 상황이 발생하였을 경우에 자녀가 당할 수 있는 어려움은 지금 당장의 교육비가 없을 수 있다는 것과 대학 교육자금을 마련할 원천적인 수입원이 사라진다는 것이다.

따라서 부모 유고 상황이 발생했을 때, 적어도 대학 졸업 시점까지 매달 교육비가 지급이 되고, 대학 교육자금을 마련할 수 있도록 매달 투자가 이뤄지는 시스템을 만들어 놓아야 한다.

보험사의 어린이 변액 유니버셜보험의 경우 부모 유고 상황을 대비해서 특약을 잘 설정해 놓았다. 예를 들어 가족 수입보장 특약의 경우 피보험자로 설정되어 있는 부모가 사망시 자녀가 20대 중반까지 매달 일정액이 지급이 되며, 납입 면제 특약의 경우 부모 사망시 보험사가 보험료를 20대 중반까지 대납을 하여 대학 교육자금을 대신 만들어 주므로 위험관리를 효과적으로 할 수 있다.

Q 어린이 변액 유니버셜보험의 경우 부모 유고시 혜택은 있지만 주의해야할 점은 없나?

A 기본적으로 변액 유니버셜보험은 투자형 보험으로 초기 사업비가 다른 금융상품에 비해 높다. 따라서 10년 이상 투자가 되어야 교육자금을 만드는 효과를 높일 수 있다는 점을 명심해야 한다.

따라서 자녀가 취학 전으로 충분한 투자 시간을 확보할 수 있는 경우나 부모의 사망 보장이 취약하여 이를 보완하려는 사람들에게는 유리하지만, 단기 투자 할 경우에는 다른 금융상품과 비교하여 불리하니 주의해야 한다.

2.
신용

금융거래가 많은 현대인들에게 신용관리는 필수적인 사항이 되었다. 평소에 어떻게 신용관리를 해왔느냐에 따라 대출 조건에서 크게 차이가 나기도 하고, 취업과 같이 사람의 인생이 걸려있는 문제에도 개인의 신용정보는 중요한 역할을 한다. 효과적인 신용 관리법과 과다한 부채를 해결하기 위한 방법에 대해 알아보자.

1) 신용회복

Q IMF 외환위기와 2000년대 초반 신용카드 남발 사태로 과중채무자가 발생하면서 빚을 제때 갚지 못하는 사람들이 늘고 있는 것 같다.

A 갑작스럽게 실직을 하거나, 한 때의 무분별한 신용카드 사용으로 채무를 갚지 못해서 고통을 받는 사람들이 많다. 한 번의 실수로 인해 취업도 하지 못하고, 빚 독촉 전화에 시달리는 경우도 많이 있는데, 물론 한번에 빚을 갚을 수 있다면 좋겠지만 단기적인 상환이 어려울 경우 신용회복 지원제도를 통해 경제적으로 재기하는 것을 생각해볼 수 있다.

Q 신용회복 지원 제도라는 것은 뭔가?

A 신용회복지원제도는 개인 및 개인사업자 중 협약 등에서 규정하는 일정 요건을 갖춘 채무자를 대상으로 상환기간의 연장, 분할상환, 이자율조정, 변제기 유예, 채무 감면 등의 채무조정 수단을 통해 경제적으로 재기할 수 있도록 지원하는 제도이다. 사전채무조정과 개인워크아웃이 있다.

Q 사전채무조정(프리워크아웃)은 무엇인가?

A 실직이나 일시적인 소득 감소로 인해 연체기 발생할 경우 단기적인 연체 채무자가 금융채무 불이행자로 전락하여 정상적인 경제 활동이 어려울 수가 있는데, 이러한 상황을 미연에 방지하고자 하는 것이 사전채무조정이다.

금융회사에 대하여 채무불이행기간이 30일 초과 90일 미만이고, 2개 이상의 금융회사에 총 채무액이 5억원 이하인 경우 신청이 가능하며, 최근 6개월이내 신규 발생 채무액이 총 채무액의 30% 이하이면서 부채 상환 비율이 30% 이상이고, 보유자산이 6억원 미만이어야 한다.

Q 사전채무조정을 신청하면 어떤 지원을 받을 수 있나?

A 우선 부채에 대한 상환 기간을 연장할 수 있는데, 신용대출금은 최장 10년, 담보대출금은 최장 20년에 걸쳐 분할 상환 할 수 있다. 이자율도 약정 이자율의 70% 수준으로 조정되며, 변제기에 연체 사유가 실직, 휴업, 폐업 등에 해당이 될 경우 원금 상환이 1년간 유예되고, 유예이자는 연 3%로 적용이 된다.

Q 개인워크아웃은 어떤 제도인가?

A 금융 채무불이행기간이 3개월 이상일 경우에는 개인 워크아웃을 신청할 수 있는데, 금융기관의 총 채무액이 5억원 이하이면서 채무상환이 가능하다고 심의위원회가 인정하는 사람이어야 한다.

개인 워크아웃을 신청하여 인가될 경우 부채 상환기간을 최장 8년까지 연장하여 분할 상환할 수 있으며, 이자율도 사전 채무조정처럼 조정이 가능하고, 채무자의 상환을 고려하여 1년 이내의 기간에서 채무 상환을 유예할 수 있다.

Q 어떤 절차를 통해 개인워크아웃을 신청할 수 있나?

A 금융회사 자율 프리워크아웃은 해당 금융회사를 찾아가야 하지만, 사전채무조정과 개인워크아웃은 신용회복위원회 상담소를 찾아가 신청하면 된다.

한 가지 주의해야할 사항은 사전채무조정과 개인워크아웃은 협약가입기관에 해당되는 부채만 해당이 된다는 것이다. 대부업체나 HSBC, 일부 새마을금고와 단위 농협에 빚진 채무는 신청대상에서 제외가 되니 참고해야 한다.

Q 개인파산이나 개인회생과는 어떤 차이가 있나?

A 사전 채무조정과 개인 워크아웃은 신용회복위원회에서 주관을 하시만, 개인

파산이나 개인회생은 법원에서 인가 결정이 내려진다. 사전채무조정과 개인 워크아웃은 협약가입 금융기관의 부채만 해당이 되지만, 개인회생과 개인파 산은 사채를 포함한 모든 부채가 해당이 된다.

따라서 사전채무조정이나 개인워크아웃으로 부채를 조정하더라도 상환이 어 려울 경우는 개인회생과 개인파산을 고려할만 하다. 개인회생은 변제 계획을 법원이 인가하면 5년 동안 매월 변제액을 내야하며, 개인파산은 법원에서 인 가될 경우 채무는 탕감이 된다. 다만 개인파산이 이뤄질 경우 정상적인 금융 거래가 어려울 수 있으니 참고해야 한다.

Q 역시 개인의 부채관리가 무엇보다 중요할 것 같은데 효율적인 부채관리 방안은?

A 빚 관리를 가장 잘 하는 방법은 빚을 안지고 사는 것이다. 그렇지만 세상을 살 다보면 자의건 타의건 빚을 져야만 하는 상황이 발생하게 되는데, 이 때문에 이 왕 부담해야 할 부채라면 현명하게 대처해야 된다. 주도면밀한 부채분석으로 빚의 부담을 줄이는 한편 대출이자를 줄이는 방법을 다각도로 강구해야 한다.

첫째, 부채 목록을 만들자. 부채에 대한 고민에 앞서 우선 가계 돈의 흐름을 파악하는 게 중요하다. 자산과 부채를 구분해서 목록을 만들어라.

둘째, 소득에 비해 대출 규모가 적정한지를 따진 후 상환 여부를 결정해야 한 다. 부채이자가 월 소득의 36%를 넘지 않는 게 원칙이다. 좀 **빡빡하게** 자금 운용을 원하는 전문가들은 이 비율을 30% 정도로 낮춰 잡기도 한다.

셋째, 빚 갚을 순서를 정하자. 기본은 이자율이 높은 빚부터 갚아 나가야 한다는 것이다. 가장 먼저 사금융이나 대출 업체에서 빌린 사채부터 갚자. 사채→ 현금 서비스→ 카드론→ 신용대출→ 주택 담보대출 순으로 부채를 상환해야 한다.

넷째, 신용 등급과 신용 점수를 높여라. 은행에서 대출이자를 결정할 때는 '양도성예금증서(CD)금리+신용도'에 의해 결정되는 경우가 많다. 즉 신용도가 높으면 대출금리가 떨어진다. 신용도를 높이려면 급여이체, 신용카드 사용 실적, 펀드 또는 주택청약통장 등 여러 금융상품 거래를 주거래은행 계좌로 집중해야 한다. 제2금융권, 현금서비스 사용은 최대한 자제해야 한다.

다섯째, 제도를 활용하라. 최근 개인 및 가계 부채에 대한 경고가 높아지자 정부 및 은행권에서 다양한 대책이 쏟아지고 있는데 주택금융공사의 지급보증제도나 이지론, 환승론 제도를 활용하고, 도저히 빚을 갚을 수 없을 때는 신용회복제도를 활용하여 적극적으로 대처하는 것이 좋다.

여섯째, 갈아탈 땐 꼼꼼히 점검하자. 사실 대부분의 사람들은 대출을 한 번 받고 나면 대출 이자율에 관심을 두지 않는다. 대출 이자율은 파격적인 조건으로 바꿀수 있으니 대출 조건이나 특판 상품에 대해 수시로 확인하는 것이 좋다.

2) 대출이자 낮추기(사례)

Q 요즘처럼 경기가 어려울 때는 한 푼이라도 아끼는 것이 무엇보다 중요한데, 그 중에서도 가장 고민거리는 대출에 따른 이자 발생이다. 높은 이자를 쓰고 있는 가정의 경우 어떻게 문제를 해결해야 하나?

A 사례를 통해 대출 이자를 낮추는 법을 배워보자.

직장인 김현수씨(35)는 전업주부인 아내(32)와 6개월된 아들을 두고 있다. 김씨의 가족은 임대아파트에 보증금 1,340만원에 살고 있으며, 금융자산은 자녀적금(누적액) 80만원, 적립식펀드(평가액) 100만원, 청약저축(누적액) 50만원이 있다.

현재 부채내역은 전세보증금 담보대출 900만원, 학자금대출 1,000만원, 대부업체 대출 400만원, 신용카드 현금서비스(7개카드) 450만원, 보험약관대출 300만원으로 총 부채액은 3,050만원이다.

매월 소득은 세후 220만원이고, 매월 지출은 교육비를 포함한 생활비 170만원, 보장성보험료 78만원, 청약저축 5만원, 대부업체 이자 22만원, 카드 현금서비스 이자 17만원, 이외에도 보험약관대출이자, 학자금대출이자, 담보대출이자 등으로 13만원이 발생하여 매월 80만원이 넘는 적자가 발생하고 있다.

Ⓠ 부채가 많아서 사실 자포자기 심정일 것 같은데, 이런 분의 문제를 해결하려면 원인부터 파악해보아야 할텐데?

Ⓐ 이 가정의 경우는 매월 적자가 발생할 뿐 아니라, 연 이율이 30%가 넘는 이자를 감당해야 하는 부채가 850만원에 이른다는 것이 가장 큰 문제이다. 또한 대출상환도 제대로 못하면서 소득대비 보험료의 비중도 35%씩이나 되기 때문에 총체적인 부실 양상을 보이고 있어 조기에 파산할 가능성도 매우 높다.

Ⓠ 파산에 이를 만큼 문제가 많은 가정이라고 했는데, 자세히 좀 설명해 주신다면?

Ⓐ 우선 매달 대출이자로 나가는 돈이 너무 크다. 월 소득 대비 대출이자 비중이 20%를 넘어서고 있고, 생활비를 제외하면 대출이자를 감당하기가 어려워 향후 대출원금을 상환해야 하나 현재 상태를 지속할 경우 대출금을 갚는 것은 거의 불가능하다고 볼 수 있다.

또한 보장성 보험료가 많이 지출되고 있는데, 본인, 아내, 아이, 친정 부모님의 보험까지 78만원으로 소득대비 35%에 달한다. 더구나 가족의 미래에 대한 대책을 가지고 있지 않아서 아이의 양육비, 대출금 상환플랜 등에 대한 구체적인 행동을 옮기지 못하는 등 가정경제에 대한 위기의식이 가족들에게 부족한 것으로 보인다.

Ⓠ 그렇다면 이 가정을 위한 해결책은?

A 우선 이 가정은 대출금 상환자금과 아이양육 교육자금, 가족의 미래를 위한 자금과 같은 계획이 필요하다는 점을 인식하고 현재의 지출을 통제하는 노력을 통해 현 생활비를 적어도 60만원 이상 줄여야 한다.

두 번째로는 보험에 대한 과감한 구조조정을 할 필요가 있다. 가장 기본적인 실손보험과 암보험 외 보험을 정리하면 현재 78만원의 보험료를 30만원 이하로 조정할 수 있어서 매월 저축여력 50만원을 확보할 수가 있다.

Q 고리의 대출이자를 내고 있는 대출문제는 어떻게 해결해야 하나?

A 고금리의 대출이자를 내고 있는 부분은 대출을 전환할 필요가 있다. 특히 40%가 넘어가는 대부업체 대출과 신용카드 현금서비스 돌려막기는 자산관리공사가 운용하는 신용회복기금 전환대출이나 금융감독원의 후원으로 만든 이지론에 가입해서 대출이자를 연 20%수준으로 떨어뜨리는 방안을 마련하는 것이 필요하다.

3) 신용카드 활용

Q 요즘 누구나 가지고 있는 것 중에 하나가 신용카드가 아닐까 싶다. 사회 생활

을 하는 경우 2개 이상의 신용카드를 가지고 있는 경우가 많은데 혜택이 많은 만큼 자칫 잘못 쓰면 신용불량이 되는 경우도 종종 있다.

A 현재 경제활동 인구 1인당 평균 카드 보유개수는 3.8개에 달하는 상황이다. 카드사마다 제공하는 부가서비스가 다르다 보니 카드를 여러 장 갖고 있으면 생활 전반에 걸쳐 많은 혜택을 누릴 것처럼 생각하는 경우가 많지만 카드사마다 차이가 나는 포인트 적립방법과 사용법, 할인혜택을 모두 꿰고 있다는 것은 거의 불가능하다. 따라서 자신에게 맞는 신용카드를 합리적으로 사용하는 것이 필요하다.

Q 그렇다면, 카드사가 제공하는 혜택을 최대한 누리려면 몇 개의 카드가 적당하며, 어떻게 사용하는 것이 좋을까?

A 카드사가 제공하는 혜택을 최대한 누리려면 '선택과 집중' 전략이 필요하다. 우선 자신의 소비패턴을 파악해 가장 많은 혜택을 얻을 수 있는 신용카드를 1~2개만 남겨두고 나머지는 과감히 잘라버리는 게 좋다. 사용하는 카드 숫자가 줄어들면 제공하는 서비스가 무엇인지, 새롭게 바뀐 내역은 무엇인지 훨씬 쉽게 파악해 활용하는 경우가 많다. 여행을 즐기는 사람이라면 면세점 할인혜택이나 숙박시설 할인 서비스, 또는 높은 마일리지 적립률을 제공하는 카드를 집중해 쓰는 것이 유리하다.

Q 신용카드를 집중해서 사용하면 우대서비스를 누릴 수 있다고도 하던데?

A 그렇다. 괜히 이 카드, 저 카드로 분산하는 것보다 한 개의 카드로 많은 금액을 쓰면 VIP로 우대받을 가능성이 높아진다. VIP회원이 되면 각종 할인쿠폰, 각종 이벤트에 참여할 수 있는 혜택, 연회비 우대혜택 등을 받을 수 있다.

Q 대부분의 경우 여러 장의 카드를 사용하는데 어떤 불이익이 있나?

A 여러 장의 카드를 조금씩 사용하게 되면 우대혜택은 커녕 여러 장의 카드에서 부과되는 연회비 부담만 늘어날 수 있다. 이 밖에 키드 수가 많아지면 자신의 지출 내역을 파악하는 것이 어려워져 합리적인 지출 관리도 어려워진다.

Q 재테크를 위해서 신용카드보다는 체크카드를 사용하라고 권하는데 효과가 있나?

A 네, 신용카드는 당장 현금이 나가지 않기 때문에 충동구매를 가져오기 쉽다. 흔히 '지름신'이라도 강림한다면 신용카드 결제는 피할 수 없는 유혹이 된다. 그렇기 때문에 신용카드를 사용할수록 미리미리 지출 계획을 세우고 자신의 소비가 계획에서 초과되지는 않았는지 종종 점검해보는 노력을 기울여야 하는데, 이러한 유혹을 원천적으로 차단하는 것이 체크카드이다.

체크카드의 장점은 신용도와 관계없이 만 14세 이상이면 누구나 발급받을 수 있는 데다 신용카드 가맹점에서 통장에 들어있는 금액에 한해 이용 가능하고, SMS 문자서비스를 신청하면 잔액을 알려주어 합리적 소비지출통제가 가능하다.

또한 은행의 현금카드 기능을 같이 탑재하고 있어 은행 ATM기 이용도 가능하며, 대부분 체크카드가 주유와 영화, 외식 등 할인혜택을 제공하고 있어 신용카드의 혜택도 그대로 누릴 수 있다. 뿐만아니라 월급통장과 연계 때 수신 거래 수수료 면제, 환전 우대 등 은행 혜택과 문자알림서비스(SMS) 무료 제공, 후불 교통카드 기능도 제공하고 있다.

Ⓠ 신용카드를 잘 관리하기 위한 원칙은?

Ⓐ 첫째, 주거래 카드를 만들어라. 은행에만 주거래 은행을 둘 것이 아니라 카드도 주로 사용하는 주거래 카드를 정해두고 이용하는 것이 좋다. 주거래 카드를 선정할 때는 자신이 자주 사용하는 서비스를 제공하는 카드를 선택해야 한다. 예를 들어 해외여행 계획이 없거나 여행을 자주 하지 않는 사람이 항공사 마일리지를 제공하는 카드를 사용하는 것은 현명하지 못한 일일 것이다. 자신이 평소 주유할인을 많이 받는지, 통신요금 할인을 받는지, 쇼핑을 많이 하는지 등을 따져보고 자주 사용하는 기능이 포함된 카드를 선택하는 것이 좋다.

둘째, 지갑 속 카드는 최소한으로 줄여라. 과거 카드사들이 퍼 주기식 마케팅을 펼쳤을 때는 많은 사람들이 카드사에서 제공하는 부가서비스를 받기 위해 여러 개의 카드를 발급 받곤 했었지만, 여러 장의 카드를 가지고 있으면 각 카드별로 나가는 연회비도 만만치 않은 금액이고, 혹 분실을 했을 경우 카드가 워낙 많아 분실한 사실을 모른채 상당시간이 흐르는 경우가 발생할 수도 있다.

따라서 자신의 소비생활 패턴을 감안해 금융거래의 혜택 이 있는 은행계 카드와 생활 서비스가 많은 기업계 카드 등 2개를 선별해 사용하는 것이 현명하다.

셋째, 카드사 홈페이지는 '즐겨찾기' 하라. 카드사 홈페이지에는 유용한 정보가 가득 담겨있는 보물창고와 같다. 각종 할인행사나 이벤트 정보를 알아볼 수 있고, 제휴 가맹점의 할인쿠폰도 쉽게 얻을 수 있다. 예를 들어 해외여행 수요가 많은 휴가철이나 방학시즌에는 해외로 여행을 떠나는 회원들을 위한 환전수수료 할인 등을 실시하는데 이러한 정보는 홈페이지에서 가장 빠르고 정확한 정보를 얻을 수 있다.

Q 신용카드 포인트는 어떻게 활용해야 하나?

A 잊지말자! '포인트 = 돈'이라는 사실을! 거의 대부분의 신용카드는 포인트를 적립해주고, 일정점수가 쌓이면 현금처럼 사용할 수 있게 해주고 있다. 또한 신용카드 가맹점들도 각 카드사와 제휴를 맺어 카드 결제시 일정량의 포인트를 적립해주고 있는데, 이러한 포인트를 많은 사람들이 중요하지 않게 생각하는 경우가 많다. 현재 사용하지 않은 신용카드 포인트가 수천억에 달하는 것으로 알려져 있는데 앞으로 포인트는 '내가 당당히 누려야 할 권리이자 돈이다' 라고 생각하고 활용할 수 있는 포인트를 꼼꼼히 살펴보아야 한다. 잠자고 있는 포인트를 잘 확인해 현금처럼 활용해보면 현금캐쉬백·사은품·상품권 등 짭짤한 혜택을 받을 수 있다.

4) 부동산 담보대출

🅠 내 집은 있어야 한다는 우리나라의 정서상 주택 구입은 가정의 주요 재무적 이슈인데, 높아진 주택 가격으로 인해 대출 없이 집을 사기는 만만치 않다. 주택과 관련한 대출에는 어떤 것이 있나?

🅐 부동산 담보대출 상품은 은행, 보험사 등에서 취급하는데, 은행권의 부동산 담보대출은 일반대출로 한국주택금융공사 보금자리론(최장 30년 장기모기지론)과 일반 주택담보대출(CD금리에 연동하는 대출)있다. 또한 근로자 및 서민을 위한 국민주택기금대출이 있는데 근로자, 서민주택구입자금/중도금 대출과 전세자금대출이 있다.

🅠 부동산 담보대출상품을 받으려면 LTV니, DTI니 하는 것을 적용한다고 하던데 도대체 무슨 말인가?

🅐 LTV(Loan to Value)는 주택에 대한 담보인정비율을 의미한다. 주택담보대출은 주택의 담보가치가 가장 중요하므로, 만약 LTV를 낮추게 되면 담보인정비율이 낮게 산출되어 담보가치가 떨어지고 그로 인해 담보대출한도가 줄어 대출금액이 줄어들게 된다. 예를 들어 주택담보대출비율이 60%라면 시가 1억원짜리 아파트를 은행에 담보로 잡힐 경우 최대 6,000만원까지 대출이 된다고 생각하면 된다. 이게 50%로 떨어지면 대출 가능금액도 최대 5,000만원으로 떨어지게 되는 것이다.

DTI(Debt To Income)는 부채상환능력을 의미하는데 주택을 사려는 사람이 주택담보대출을 받을 때 미래에 돈을 얼마나 잘 갚을 수 있는지를 소득으로 따져 대출한도를 정하는 것을 말한다. 만약 DTI가 40%라 한다면, 대출을 받아 매년 상환하는 원리금이 연 소득의 40% 이내여야 한다는 뜻이다. 예를 들어 주택을 구입하려하는 사람의 연소득이 5천만원일 경우 DTI 40%를 적용하면 연간 원리금 상환액이 2천만원 범위 내에서 대출이 가능하게 된다.

Q 주택금융공사 보금자리론과 일반 부동산 담보대출 중 어느 것이 유리한가?

A 주택금융공사 보금자리론(모기지론)은 무주택자 또는 1주택 소유자가 고정금리로 집값의 최대 70%(3억원 한도)까지 최장 30년간 대출을 받을 수 있는 금융상품이다. 6억원 이하인 주택을 구입할 경우 소득에 대한 제한 조건은 없고, LTV는 70%까지 적용한다. 대출이자는 15년 만기가 연 5.8~6%이다. 아파트 중도금 대출도 분양가 기준 최고 70%이내에서 3억원까지 가능하다.

은행권의 일반대출은 특별한 조건이 없고, LTV와 DTI를 적용해서 대출을 받을 수 있다. 대출금리는 변동금리(양도성예금증서인 CD에 연동시킨 금리)로 현재 연 5% 초중반의 금리로 대출을 받을 수 있다.

집을 마련하려는 실수요자라면 주택금융공사의 보금자리론을 이용하는 것을 고려해야 한다. 현재 CD연동금리로 신규대출을 받으려면 연 5% 초중반의 금리를 부담해야 한다. 반면 보금자리론의 대출금리는 15년 만기가 연 5.8~6%다. 당장은 변동형보다 금리가 높지만 앞으로 시중금리가 올라가도 금리가 바뀌지 않는다는 장점이 있다. 또 15년 이상 장기대출을 받으면 부담한 이자에 대해 연간 1,000만원까지 소득공제도 받을 수 있다.

Ⓠ 근로자 및 서민을 위한 국민주택기금대출의 내용은?

Ⓐ 근로자, 서민주택 구입자금/중도금 대출 자격을 보면, 일단 부부 합산 연간소득이 2천만원이하인 근로자 및 서민으로서 무주택세대주 또는 대출신청일로부터 1개월 이내에 결혼으로 인하여 세대주가 예정된 자로 전용면적 85m² 이하인 주택(주택가격이 3억원 이하)에 대해 1억원 한도로 신청이 가능하다. 구입자금은 매매가격의 100%범위내, 중도금은 분양가격의 70% 범위내에서 대출이 가능하며 대출금리는 연 5.2%이다.

단, 주민등록표상 자녀수가 3명 이상인 경우에는 1억 5천만원까지 한도가 늘어나며, 이 경우 대출금리는 연 4.7%로 떨어진다.

Ⓠ 부동산 담보대출을 받으면서 유의할 점은?

Ⓐ 부채가 늘어나는 것은 재무적인 위험성이 증가한다는 의미이지만, 자산증식을 위해서는 대출을 적절히 잘 활용하는 것도 효율적인 방법이 될 수 있으므로 부동산 담보대출을 받을 때에는 원칙이 필요하다.

첫째, 부동산가격, 주택가격에 대한 변화방향을 너무 확신하지 마라. 아무리 장기적으로는 주택가격이 오르더라도 대출금을 충분히 상환하기 이전에 혹시라도 주택가격이 하락할 가능성을 대비해야 한다. 이 세상에서는 절대적인 미래 예측은 없으며 자신의 판단이 무조건 맞으리라고 확신해서는 안된다.

둘째, 변동금리 대출 받으면서 현재의 이자율로만 미래를 예상하지마라. 이자율이 지금보다 더 올라가더라도 충분히 감당할 수 있을 여지를 확보해 두어야한다. 변동금리 대출을 받은 경우에 처음에는 고정금리보다 이자율이 더 낮다는 장점 때문에 만족을 하지만 변동금리 대출은 보통 3개월마다 이자율이 변하기 때문에 금리 상승 시기에는 이자에 대한 압박감이 시간이 감에 따라서 심해진다.

셋째, 대출금 상환은 처음부터 원금을 이자와 함께 갚아나가는 방식을 취하는 것이 좋다. 일반적인 주거 목적으로 주택을 구입하거나 투자 기간을 미리 단정하기 힘들 경우 부동산 투자에 있어 변수가 많기 때문에 대출 초기에 다소 힘들더라도 꾸준히 부채를 상환하는 것이 미래의 위험을 줄이는 데에는 효과적이다. 이자와 함께 원금도 동시에 갚아나가는 방식을 취하면 만기가 되었을 때 대출 잔액이 완벽히 사라지고 부동산이 100% 자신의 소유가 된다.

넷째, 주택구입 자금을 "현금+대출금"으로 간주할 때 "현금" 부분에서는 별도의 비상금을 제외시켜라. 대출금을 많이 유지하고 있을 때에는 유사시 대출을 추가로 받기 힘들어지므로 동원할 수 있는 비상금이 별도로 있어야한다. 비상금은 유동성 현금성자산으로서 단기금융상품에 예치해 놓고 있어야 한다.

다섯째, 총 대출 금액은 자신의 경제 능력 및 대출금 상환능력을 기준으로 정하라. 대출 금액의 수준을 정하기 위하여 자신의 경제적 능력을 고려할 때에는 현재의 수입만이 아니라 미래의 예상 수입까지 고려해야한다.

5) 빚 갚는기술

Ⓠ 세계적인 경기 침체로 정부가 저금리 정책을 유지하면서 낮은 금리로 대출을 받을 수 있는 길이 많아졌다. 하지만, 낮은 금리만 믿고 무턱대고 돈을 빌렸다가 향후 금리가 오르게 되면 대처가 안되는 경우도 있을 것 같다.

Ⓐ 옳은 지적이다. 국내에서는 인플레이션 압력이 서서히 증가하고 있어, 저금리 기조에서 금리 상승 기조로 바뀔 가능성이 높다. 문제는 개인들의 가계 빚인데 사상 최대에 달하는 가계 빚은 금리가 올라가게 되면 그만큼 상환부담도 커져간다. 막연히 저금리가 지속될 것이란 기대감으로 빚에 대해 안이하게 대처하기보다는 하루빨리 빚을 갚는 노력을 기울여야 할 때다.

Ⓠ 빚 갚는데도 순서가 있다고?

Ⓐ 빚을 갚는 것도 순서가 있다. 고금리 대출부터 먼저 갚는 것이 순서이다. 그 순은 저축은행 대출, 카드 현금서비스, 카드론, 마이너스 대출, 신용내출, 주

택담보대출 순이다. 당장 갚을 수 있다면 최대한 빨리 빚을 갚는 것이 유리하다. 적금을 탔거나, 투자로 번 돈이 있는 경우 이 돈으로 재투자를 하기 보다는 빚을 갚는 것이 유리하다. 아무리 은행금리가 높다고 해도 대출금리 보다는 낮기 때문에, 대출 금리를 갚는 것이 훨씬 이득이다.

가지고 있는 고정자산을 과감하게 팔아서 갚는 것도 한 방법이 될 수 있다. 대표적인 것이 자동차인데, 매월 나가는 할부금, 기름값, 보험료 등을 감안하면 자동차 하나만 팔더라도 상당한 빚을 줄일 수 있고, 매월 들어가는 소비성 지출도 크게 절감할 수 있다.

Q 하지만 쉽게 갚지 못할 빚은 어떻게 해야 하나?

A 쉽게 갚지 못할 빚, 예를 들어 내 집 마련을 위한 저금리 주택담보대출 등은 예외가 될 수도 있다. 최대한 빚을 빨리 갚는 것이 원칙이지만 만약 쉽게 갚지 못할 빚이라면 상환 기간을 장기로 늘리는 것이 좋다. 10년에 걸쳐 상환해야 할 빚이라면 20년으로 늘리는 것이 좋다는 얘기다. 인플레이션에 의해 돈 가치가 하락하기 때문에 상환기간을 늘리면 그만큼 부채부담도 줄어들고 매달 갚아나가야 할 현금 상환금액도 줄어들기 때문이다.

Q 주택담보 대출은 그 절차가 까다로워 목돈이 필요한 경우가 아니면 쉽게 접근하지 못한다. 하지만 신용대출이나, 마이너스 통장은 절차가 간단하다보니 쉽게 개설해서 빚을 지곤 하는데?

A 한번 마이너스 통장을 개설해놓으면 그 한도까지 빚을 지는 경우가 많다. 마이너스 통장은 분명 빚인데, 이것을 빚으로 인식하기 보다 마치 내 돈인냥 편하게 쓰는 것이 다반사다. 그러나 마이너스 대출은 신용으로 빌려주는 것이므로 대출 금리가 담보 대출 금리에 비해서 높다. 예를 들어, 9%짜리 마이너스 통장 대출 금리를 갚기 위해서는 20%짜리 적금에 가입해야 가능하다. 즉 마이너스 통장을 안 쓰는 것만으로도 20%짜리 적금에 가입하는 효과가 있는 것이다.

Q 마이너스 통장을 없애는 효과적인 방법은?

A 마이너스 통장을 없애는 가장 효과적인 방법은 첫째, 매월 일정 금액씩 상환하는 방법이다. 마이너스 대출금은 원금 균등분할 상환 방법으로 상환계획을 세우는 것이 좋다. 저축 금액의 일부를 마이너스 대출금을 상환하는 데 배분하는 것이다. 하지만, 의지가 약할 경우 조금 상환하다가 무슨 일이 생기면 다시 급한대로 마이너스 통장을 이용하여 상환에 어려움을 겪는 경우가 많은데, 이럴 때는 마이너스 대출 상환용으로 1년 만기 정기적금에 가입하여 해마다 부채를 상환하는 것이 좋다.

두 번째 방법은 마이너스 대출통장과 급여통장을 분리하는 것이다. 대부분 많은 사람들은 잠시 예치해 있는 동안이라도 대출이자를 줄일 목적으로 마이너스 대출통장을 급여통장으로 활용하는 경우가 많다. 하지만 이것은 계획되지 않은 지출이 발생할 경우 자신도 모르게 현금인출을 하거나 신용카드 결제를 하게 될 위험이 있어 대출이자를 줄이기는커녕 오히려 마이너스대출 잔액만 늘리는 계기를 만든다.

Q 부채관리를 위한 원칙을 소개한다면?

A ① 부채 목록을 만들자=부채에 대한 고민에 앞서 우선 가계 돈의 흐름을 파악하는 게 중요하다. ② 최대 부채의 기준은 전체 소득의 36%다=소득에 비해 대출 규모가 적정한지를 따진 후 상환 여부를 결정해야 한다. 부채이자가 월 소득의 36%를 넘지 않는 게 원칙이다. ③ 빚 갚을 순서를 정하자=사채→현금서비스→카드론→신용대출→주택 담보대출 순으로 상환하자. ④ 무조건 갚는 게 능사는 아니다= 빚이 있으면 불안하게 마련이다. 하지만 무조건 갚기만 하는 것도 바람직하지 않다. 크게 두 가지 이유를 들 수 있는데, 첫 번째는 좋은 투자 기회를 놓치는 실수를 피하는 것이며, 두 번째는 유동성을 준비하기 위한 것이다. ⑤ 신용 등급과 신용 점수를 높여라=은행에서 대출이자를 결정할 때는 '양도성예금증서(CD)금리+신용도'에 따른다. 이 때문에 신용도를 높이면 대출금리를 떨어뜨릴 수 있다.

Q 또 다른 원칙이 있다면?

A ⑥ 제도를 활용하라=최근 개인 및 가계 부채에 대한 경고가 높아지자 정부 및 은행권에서 다양한 대책이 쏟아지고 있다. 주택금융공사, 금융감독위의 이지론, 신용회복기금 전환대출 등을 활용하라. ⑦ 갈아탈 땐 꼼꼼히=사실 대부분의 사람들은 대출을 한 번 받고 나면 대출 이자율에 관심을 두지 않는다. 하지만 대출 이자율은 대출받은 후에도 해당 금융회사와의 거래 실적이 많아졌다면 다시 대출 이자율을 조정할 수 있다. 1년에 한 번은 은행을 방문해 금리를 체크해 보고 이자율을 낮추려고 해야 한다. 대출 갈아타기도 대출 금리를 낮

출 수 있는 좋은 방법이다. ⑧ 빌릴 때도 꼼꼼히=어쩔 수 없이 대출을 받아야 한다면 전략을 잘 세우자. 특히 주택담보대출의 소득공제 등을 활용하면 많게는 갚을 돈 총액의 2%정도를 환급받을 수 있다. ⑨ 최후의 수단도 생각해 보라=감당할 수 없는 빚에서 탈출하는 마지막 방법은 크게 세 가지다. 개인워크아웃, 개인회생제도, 그리고 개인파산이다. ⑩ 안 쓰는 게 최고다=사실 빚을 갚는 데 뾰족한 해법은 없다. 빚을 갚으려면 어찌됐든 목표치보다 적게 지출해야 한다. 지출계획을 잘 살피면 10%이상 아낄 수 있는 부분이 나타난다.

6) 저소득층 전세 자금대출

Q 수도권 지역을 중심으로 전세 값이 지속적으로 상승하고 있다. 전세를 구하기도 어렵지만 전세값도 크게 오르고 있는데, 전세자금 부담 때문에 서민들이 이중고를 겪고 있다. 전세자금 문제를 해결하려면 금융권의 전세자금 대출상품을 꼼꼼히 살펴보면 도움이 될 것 같은데, 전세자금을 마련할 때 도움을 받을 수 있는 방법이 있다면?

A 전세 값이 좀처럼 내릴기미를 보이지 않아서 전세 집 마련 하기도 어려워 졌다. 이럴 때 금융회사의 도움을 받을 수 있는 방법은 크게 두 가지인데 낮은 이자로 국민주택기금에서 전세 대출금을 빌리는 방법과 은행에서 전세자금 대출을 받는 방법 등 두 가지의 방법이 있다.

Q 국민주택기금이라고 하면 생소해하는 사람도 있을 것 같은데, 국민주택기금은 어떤 것을 말하나?

A 주택건설에 필요한 자금을 확보하고, 공급할 목적으로 국민주택채권을 발행한다거나, 주택청약종합저축 차입금, 또 필요시 정부출연금 등으로 설치된 기금을 말한다. 이 기금으로 무주택 서민들의 주거안정을 위한 분양주택이나 임대주택의 건설, 주택 구입과 전세자금 지원 등의 사업을 전개한다.

현재 국민주택기금에서 지원하는 전세자금대출로는 근로자와 서민주택 전세자금대출이 있고, 저소득가구 전세자금대출이 있다. 국민주택기금에서 지원하는 전세자금 대출의 장점이 있는데, 우선 은행 자체 전세자금대출에 비해 금리가 낮다. 또 변동금리이지만 거의 고정금리처럼 운용하기 때문에 금리상승기에 더욱 유리하다. 개인의 부채비율과 무관하게 대출이 가능하고, 중도상환에 따른 수수료도 없다. 단, 전용면적 85㎡ 이하의 주택만 해당되며, 현재는 신한, 우리 · 농협 · 하나 · 기업은행에서만 취급한다.

Q 국민주택기금의 지원을 받는 전세자금대출로는 근로자 서민주택 전세자금대출과 저소득가구 전세자금대출이 있는데, 각각 어떻게 다른지 내용을 정리한다면?

A 먼저 만 20살 이상으로, 연소득 3,000만원 이하인 세대주가 전용면적 85㎡이하 주택을 전세로 얻고자 한다면, '근로자 · 서민주택 전세자금대출'이 적합하다. 현재 연 4.5%의 금리가 적용되고 있으며, 만 65세이상 직계존속이나

배우자의 직계존속 포함을 부양할 경우에는 우대금리 연 4.0%를 적용한다.

주택신용보증서를 담보로 제공한다면 대출은 전세금의 70% 이내에서 최고 6,000만원을 한도로 받을 수 있다. 다만, 세 자녀 이상을 둔 다자녀 세대라면 8,000만원까지 우대받을 수 있다.

전세계약서를 쓰고, 임차보증금의 10% 이상을 낸 사람이 입주를 한 이후 3개월 안에 신청해야 하는데, 1개월 이내에 결혼할 예정인 예비신혼부부들도 예식장계약서, 청첩장과 같은 서류를 제출하면 대출신청이 가능하다. 대출기간은 2년이고, 2번 연장이 가능하므로, 최대 6년까지 이용할 수 있다.

Q 주택신용보증서로 대출이 가능하다고 했는데, 주택신용보증서는 어떻게 이용할 수 있나?

A 주택신용보증서는 주택금융공사에서 발급해 주는 보증서인데, 서민들이 별도의 담보나 연대보증 없이 전세자금을 빌릴 수 있도록 주택금융공사가 신용보증을 해주는 제도이다. 신용등급이 낮거나 신용관리정보대상(신용불량자) 사실이 있는 사람은 보증서를 발급받을 수가 없다.

내가 신용보증 대상자인지 아닌지를 사전에 확인할 수가 있는데 주택금융공사 홈페이지에 회원가입을 하고, 필요한 정보를 입력하면 보증서 발급 대상 여부와 보증한도 등을 미리 알 수 있다.

Q 개인 신용도가 낮은 사람들은 신용보증서를 발급받을 수 없는데, 이럴 때는 어떻게 해야 하나?

A 연대보증인을 내세우면 되는데, 보증인 자격이 재산세를 납부하거나 연간소득 1,000만원 이상이면 가능하다. 보증인을 세울 수 없을 때에는 임대인의 "임차보증금 반환확약서"를 제출하면 대출받을 수 있다. 집주인이 임차보증금을 반환할 때 대출은행에 반환하겠다는 확인서이다. 단, 주택금융신용보증서를 제출하면 대출 최고금액이 6,000만원인데, 연대보증인을 세우면 5,000만원으로 줄어들고, 임차보증금 반환확인서를 제출할 경우에는 3,000만원으로 한도가 줄어든다.

Q 연 4.0%에서 4.5% 금리라면 일반 대출상품에 비해서는 낮은 편인데, 연간 소득이 3,000만원 이하인 경우만 대상이 되나?

A 그렇다. 하지만 연간 소득 3,000만원에는 상여금이라든가, 연월차수당, 실비변상적인 중식대, 교통비, 또 시간외 수당 등이 제외되기 때문에 연봉이 3,000만원을 초과하더라도 앞에 설명한 실비변상적인 급여를 제외하고 3,000만원 이하면 대상에 포함될 수 있다.

또 요즘 맞벌이 많이 하는데, 맞벌이 부부인 경우에는 부부의 합산 소득을 기준으로 하지 않고, 세대주 소득만을 기준으로 자격을 심사한다. 예를 들어 세대주가 남편이라면 부인의 소득이 3천만원을 넘어도 부인 소득은 따지지않고, 세대주인 남편소득을 기준으로 전세자금 대출을 이용할 수 있다.

Q 저소득가구 전세자금대출은 금리를 더 우대해 줄 것 같은데?

A 맞다. 연 2%의 매우 낮은 금리가 적용된다. 대출대상이라든가, 대출한도는 자치단체별로 다르기 때문에, 전세 계약을 맺기 전에 해당 지방자치단체에 대상이 되는지 확인해보는 게 좋다. '근로자 · 서민주택 전세자금대출'과 '저소득가구 전세자금대출' 모두 국민주택기금의 지원을 받는 대출 상품이기 때문에 근로자 · 서민 대출은 연 0.4%, 저소득 대출은 연 0.3%의 보증수수료를 부담해야 한다.

Q 만약에, 국민주택기금 대출을 이용할 수 없는 경우, 어떤 대출상품을 활용할 수 있을까?

A 먼저 주택금융공사에서 보증하는 전세자금 대출에 관심을 가질 필요가 있다. 주택임대차 계약을 체결하고, 계약금으로 전세금의 5% 이상을 낸 부양가족이 있는 만 20살 이상의 세대주가 신청대상이다. 대출 가능 금액은 개인별로 연간소득의 두배 이내에서 임차보증금의 70%까지 1억원을 한도로 대출이 가능하다.

일반 시중은행에서도 최근 전세대출 상품을 내놓고 있다. 시중은행의 전세대출 상품은 주택의 규모와 상관없이 대출해주기 때문에 85㎡ 이상의 중대형 전세 아파트인 경우, 1억원 이상 대출을 받을 경우에 이용하면 도움이 된다. 단, 시세를 파악할 수 있는 도시 지역의 아파트만 대상이고, 다세대 주택 등은 이용이 제한된다. 임차보증금의 60% 이내에서 최고 2억원까지 대출받을 수 있다. 금리는 은행마다 다르지만, 국민주택기금 지원 대출이니 주택금융공사 보증 대출보다는 조금 높은 연 6-7%대로 보면 된다.

Q 주변에 보면 전세금을 떼이는 경우도 있던데 전세대출을 받기 전에 살펴봐야 할 내용이 있다면?

A 전세자금 대출을 받기 전에 가장 주의를 기울여야 할 부분은 대출 대상이 되는지를 사전 확인하는 것이다. 일반적으로 전세대출은 등기부등본, 건축물관리대장 등 공부상 주택으로 돼 있어야만 대출을 받을 수 있다. 오피스텔은 주거용이더라도 주택으로 분류되지 않기 때문에 전세자금대출이 불가능한 경우가 대부분이다. 옥탑방, 지하실 등도 상거래상 전세거래를 하지만 대출 대상은 아니다.

임차인도 모르게 전세목적물에 압류가 되어있는 경우도 있기 때문에 전세계약 전에 부동산등기부등본을 반드시 확인해서 만일에 있을 피해를 사전에 예방해야 한다.

7) 개인의 신용관리

Q 카드사는 신용카드를 발급해줄 때 무엇을 근거로 하는지, 은행은 대출을 해

줄 때 무엇을 근거로 대출을 해주는지 궁금하다.

🅰 금융기관들은 전국민의 신용정보를 바탕으로 금융거래를 판단한다. 즉, 금융기관들은 고객의 금융정보, 즉 신용카드가 얼마나 있는지, 어느 기관에서 신용조회를 했는지, 금융기관에 대출이 얼마나 있는지, 금융기관에 연체가 얼마나 있는지를 기준으로 신용에 대한 판단을 한다. 따라서 대한민국에서 금융거래를 하려고 한다면 반드시 신용정보를 관리하는 것이 중요하다.

모든 금융기관들은 이러한 신용정보(채무불이행정보, 대출정보, 현금서비스정보, 신용조회정보, 카드발급정보, 연체정보, 금융질서문란정보, 세금연체정보, 개인회생/파산정보 등)를 바탕으로 개인의 신용등급, 신용평점을 산출하게 되며, 이를 근거로 대출 이자율이나 신용카드 발급여부 등이 결정된다.

🆀 그렇다면 신용점수는 어떤 식으로 산출되나?

🅰 대출을 받을 때, 백화점 카드를 신청할 때, 자동차 할부 구매를 하려고 할 때의 공통점은 무엇일까? 바로 신용평점을 조회한다는 것이다.

신용평점은 개인의 신용도를 평가하는 자료로서 신용거래를 연체 없이 상환을 할 확률을 등급으로 매긴 것이다. 신용평점이 높을수록 신용거래를 잘 유지할 확률이 높아지는 것이고 평점이 낮을수록 연체를 할 확률이 높아지는 것이다. 한 신용평가기관에 따르면 실제로 신용평점을 산출할 때는 대출 건수를 포함하여 100가지가 넘는 신용정보 변수들을 고려하여 산출한다고 한다. 연체이력, 현재 채무 현황, 신용거래를 해온 기간, 금융기관을 통해서 조회된 신용조회 건수, 신용거래를 이용하고 있는 유형 등이 이에 포함 된다.

Q 신용평점을 계산을 할 때 그중에서도 특히 중점을 두는 것은?

A 신용평가 전문가관에 따르면, 지불이력과 총부채 수준이 약 60%의 비중으로 평점에 반영이 된다. 결국 연체경력이 없어야 신용점수가 높게 나타난다는 얘기다. 신용점수를 높이려면 가장 큰 비중을 차지히는 지불이력과 총부채 수준에 신경을 써서 하루라도 연체를 하지 않도록 해야 하며, 부채 금액이 과도하지 않도록 적정 수준을 유지해야 할 것이다.

또한 그 이외의 신용정보 항목들도 종합적으로 우량하게 유지할 수 있도록 꼼꼼히 체크해야한다. 신용평점은 결국 오랜 기간에 걸쳐 쌓은 신용거래이력이 녹아 들어가는 것이기 때문에 장기적인 목표를 두고 꾸준히 신용관리를 해야 한다.

Q 신용등급에 대해 일반인들이 오해하는 것이 있다면?

A 한 신문에 난 재미있는 기사를 한번 보자.

■ 신용등급에 관한 진실 OX퀴즈

❶ 소득이 높으면 신용등급이 높다 ·································· (O X)
❷ 대출을 받으면 신용등급이 떨어진다 ······················ (O X)
❸ 3개 이상의 신용카드 돌려막기는 불가능하다 ················· (O X)
❹ 신용카드보다 현금을 사용하면 신용등급이 높다 ·············· (O X)
❺ 5만원 미만의 소액연체도 신용등급에 영향을 준다 ··········· (O X)
❻ 다중연체발생시 금액이 큰 건보다 오래된 건을 갚는 게 유리하다 ··· (O X)
❼ 잦은 신용조회는 신용도에 나쁜 영향을 준다 ················ (O X)
❽ 연체대금을 갚으면 신용도가 바로 올라간다 ················· (O X)
❾ 세금체납은 신용도와 관계없다 ····························· (O X)

정답: 1(X), 2(X), 3(O), 4(X), 5(O), 6(O), 7(O), 8(X), 9(X)

이 기사는 신용등급에 대해 우리가 잘못 알고 있는 것을 지적하고 있다. 개인 신용의 지표로 자리잡고 있는 신용등급에 대해서는 크게 네 가지 오해가 있는데 첫째는, '난 저축을 많이 했기 때문에 신용등급이 좋을 것이다'라고 오해를 하는 부분이다. 신용이라는 것은 상대방에게 재화를 빌리고 그에 대한 대가를 추후에 지불하는 개념으로 '신용이 좋다'라는 것은 재화를 빌린 후 원활하게 대가를 지불 하는 것이다. 따라서 내가 저축을 얼마나 많이 하고 있나 보다는 내가 신용거래를 얼마나 하고 있고, 얼마나 잘 갚아 가는지가 중요한 것이다. 즉, 저축한 돈이 많아도 신용카드 결제를 자주 연체하던지, 대출을 받고 대출 상환을 제 때에 못하면 신용이 낮아질 수 밖에 없다.

둘째, '신용등급 관리는 재테크와 별로 관계가 없다?'고 오해한다. 대부분의 사람들은 대출을 받는데, 신용등급에 따라서 대출 이율이 크게 차이가 난다.

예를 들어 1억원을 대출 받는다고 할 때, 최저 이율과 최고 이율은 무려 10% 가까이 차이가 나게 된다. 1년 만기 적금의 이율(연 6%)와 비교해도 신용등급에 따른 대출 금리의 차이는 어마 어마하므로 신용등급의 관리도 중요한 재테크 요소 중의 하나라는 것을 명심해야 한다.

Q 다른 두가지 오해는 뭔가?

A 셋째, '신용등급은 대출 받을 때만 필요하다?'고 오해한다. 신용등급은 대출 또는 신용카드를 발급 받을 때도 반드시 필요하지만, 우리가 생활하는 가운데는 알게 모르게 신용등급이 많이 활용된다. 예를 들어 보험을 가입하거나 초고속 인터넷, 케이블방송, 휴대폰 등을 가입할 때도 신용등급이 활용된다. 최근에는 서비스 이용료 연체 문제를 미연에 방지하기 위해 가입 단계에서부터 고객의 신용도를 평가하고 있다. 또한 자동차 할부, 주식거래 중 신용거래, 보증보험 이용, 자동차 렌트, 부동산거래, 취업, 결혼정보 등 다양한 분야에서 개인의 신용등급을 활용한다.

넷째, '나의 신용정보를 확인하면 내 신용등급은 낮아진다?'는 것을 오해한다. 타인이 나의 신용정보를 조회하게 되면 그 기록이 남아 추후 신용등급을 평가할 때 영향을 줄 가능성이 있겠으나, 본인이 자신의 신용정보를 조회하는 것은 신용등급을 평가할 때 전혀 영향을 주지 않는다. 예를 들어 신용관리 사이트에 가입하고, 자기의 신용정보를 확인하고, 관리하는 것은 신용등급에 전혀 영향을 주지 않는다.

평소에는 관심도 없던 대출 광고들이 어려운 일이 생겨 급전이 필요한 상황이 되면 귓전을 울리게 마련이다. 이럴 때 피해를 보는 경우가 많다고 하는데 피해보지 않는 방법은?

길거리 벽보나 스팸메일을 통해 어렵지 않게 접하는 불법 대출 광고들을 보고, 급한 마음에 연락했다가는 피해를 보는 사람이 많다. 이런 광고를 내는 업체 중에는 대출이자가 연 100%를 넘나드는 불법 사채업자(무허가 대부업체)가 상당수 존재하기 때문이다. 이런 곳에 금융피해를 당하지 않으려면 안전수칙을 지킬 필요가 있다.

첫째, 자신의 신용등급부터 확인하자. 신용등급은 금융 거래 시 이자율이나 대출승인 결정에 중요한 역할을 하는 정보이므로 반드시 자신의 신용도를 숙지하고 있어야 한다. 신용평가기관에서 연 1회 무료로 자신의 신용정보를 확인할 수 있도록 서비스를 제공하고 있으니 이를 활용하면 된다.

둘째, 주거래 은행을 활용하자. 대출이 필요하다면 자신이 꾸준히 거래하고 있는 주거래 은행에 대출 가능 여부를 먼저 확인해야 한다. 신용등급은 금융기관에 따라 조금씩 차이가 날 수 있으며, 특히 주거래 은행은 대출 신청자의 금융거래실적을 감안해서 대출심사를 하므로 유리한 조건으로 대출 받을 수 있다.

셋째, 대출받고자 하는 회사가 대부업에 등록이 되어 있는지 여부를 확인하는 것이 필수적이다. 나의 신용도에 비해 상식적으로 이해가 안 가는 유리한 대출조건을 제시한다면 경계해야 한다. "무조건 대출", "신용불량자 대출" 등을 내걸고 광고한다면 무허가 대부업체일 가능성이 크다.

정식으로 등록된 대부업체는 2007년 10월부터는 연 49% 이상의 대출 이자를 받을 수 없게 되어 있다. 또한 대출심사 없이 무조건 대출이 진행되는 경우는 없으며, 금융채무불이행자(신용불량자)로 등록된 경우 사실상 대출은 불가능하다. 자칫 생활정보지에 난 광고나 스팸전화에 걸려들어 무허가 대부업체와 거래할 경우, 금전적 손실과 정신적 고통, 명의도용에 의한 추가 피해 등 엄청난 피해가 발생할 수 있으므로 세심한 주의가 필요하다.

8) 신용카드 고르기와 사고 대처법

Q 글로벌 금융위기 이후 카드사들은 대대적으로 부가서비스를 개편했고, 일부 카드에 대해 혜택은 줄이고 연회비는 인상했다고 한다. 카드 홍수시대를 맞아 어떤 카드를 선택할까 고민스러운데?

A 카드사들이 고객들에게 부가 서비스를 주는데 있어, 일정 기간 동안 일정액 이상을 써야 혜택을 주는 경우가 많은데, 과거 기준보다 훨씬 많이 써야 혜택을 주겠다는 카드가 적지 않다. 요즘 출시되는 할인 카드는 대형마트 사용 금액을 지난달 사용액 기준에서 제외하는 등의 '편법'으로 조건을 까다롭게 만드는 경우가 많다.

그런 의미에서 카드선택의 중요한 원칙 '카드에 따라 소비하지 말고, 자신의 소비 패턴에 맞는 카드를 선택하는 것'을 생각하는 것이 중요하다. 일반적으로 관심분야인 항공, 쇼핑, 주유, 포인트 등 4개 분야에서 가장 유리한 '최강의 카드'를 찾는 것도 방법이다.

Q 어떤 카드를 써야 할지 고민할 때 카드혜택이 실제로 어느 정도 되는지 따져 보는 것이 중요할 것 같은데?

A 실제 그 카드가 얼마만큼의 혜택을 돌려주는지, 부가서비스를 연간 금액으로 환산해 보는 것이 중요하다. 평소 대형마트에서 월평균 20만원을 쓰고 영화 4번을 보는 A씨를 예로 들어보자. A씨가 대형마트에서 5%, 영화표 1장당 4,000원을 할인해 주는 할인카드를 사용 중이라면 연간 혜택 금액은 '(20만원×0.05×12개월)+(4,000원×4회)=13만6,000원'이다. 혜택만 쏙쏙 뽑아 쓰면 좋겠지만, 카드사들이 금융위기 이후 장벽을 강화한 점에 주의해야 한다.

만약 이 신용카드에 '마트 할인 금액을 제외하고 한 달 평균 30만원을 써야 한다'는 기준이 있다면, 한 달에 50만원어치는 써야 예시한 '연간 13만6000 원'의 할인 혜택을 고스란히 받을 수 있다. 따라서 A씨의 연간 카드 사용액은 600만원(50만원×12개월), 연간 혜택액은 13만6000원이다. 즉 카드를 쓸 때 100원당 평균 2.3원(2.3%)가량을 돌려받을 수 있다는 결론이 나온다. 생각보다 혜택이 크지 않을 수 있으므로 할인형 카드는 10% 절감목표를 잡고 내용을 살펴보는 것이 좋다.

Q 10% 절감목표로 할인카드를 사용하는 것이 가능한가?

A 대형마트, 외식전문점 등에서 금액의 일정 퍼센트를 할인해 주는 '할인형 카드' 중에는 혜택 가맹점 중심으로 잘 사용하면 사용액의 10% 이상을 돌려받을 수 있는 카드가 많다. 예를 들어, 한 카드회사의 할인형 신용카드는 대형마트·패밀리레스토랑·커피숍 등에서 월 45만9000원을 쓰면 5만2900원(12%가량)을 돌려받을 수 있다.

한 대기업 계열사 카드는 그 계열사의 백화점·마트·온라인 상품점·편의점·커피점 등 20여개 그룹 계열사에서 사용액에 따라 5~7% 상시 할인된다. 전월 카드 이용금액이 20만~40만원이면 계열사 매장에서 사용한 금액의 5%를, 40만원이상이면 7% 할인해준다. 할인금액은 월 2만원까지다. 특히 계열사에서 제공하는 기본 혜택과 동시에 사용 가능하다. 예를 들어 계열사 백화점에서 고객에게 제공되는 백화점 5% 할인쿠폰에 신용카드 할인 7%를 추가로 받을 수 있어서 최대 12%까지 할인받을 수도 있다.

Q 그렇지만 일일이 가맹점을 찾아다니기 힘든 직장인이나 부가서비스에 둔감한 중년 소비자 등은 할인형 카드가 오히려 불리할 수도 있지않나? 차라리 포인트를 빨리 쌓는 것이 좋을 거 같은데?

A 포인트를 빨리 쌓고 싶다면 포인트를 많이 적립받을 수 있는 업종과 가맹점을 고객이 직접 선택할 수 있는 신용카드를 선택하면 된다. 고객 스스로 많이 사용하는 업종과 가맹점을 잘 조합하면 포인트 적립 속도가 빠를 수밖에 없

다. 포인트형 카드의 경우, 인터넷쇼핑몰, 학원, 병원·약국, 대형마트, 이동통신 등 5대 업종 중 하나의 업종을 선택하여 3개 추가 가맹점, 주요 백화점에서 사용액의 최대 5%를 적립해 주고 있다. 카드사에 따라 고객이 직접 구성할 수 있는 가맹점의 경우의 수는 거의 10만 가지에 이르며, 선택한 적립처를 변경하고 싶으면 1년에 3번까지 변경 가능하다. 단 카드 사용액 구간에 따라 할인율(0.2~5%)이 달라지므로 손익을 잘 따져봐야 한다.

Q 대부분의 자동차운전자들은 주유할 때 카드사용을 통해 기름값을 아끼려고 하기 때문에 주유혜택이 중요관건일 것으로 보이는데?

A 네, 주유비를 카드로 결제하는 고객이 늘면서 주유 분야도 카드사들간 경쟁이 치열한 전쟁터 중 한 곳이다. 대다수 카드들이 특정 주유소를 이용할 경우 ℓ당 60~80원 적립이나 할인 혜택을 주고 있다. 같은 금액이라면 적립보다는 할인이 유리하다. 특정 주유 브랜드만 사용할 수 있는 카드는 'ℓ당 80원', 모든 주유 브랜드에서 사용할 수 있는 카드는 'ℓ당 60원'이 기본이다.

최근에는 모든 주유소에서 할인되는 주유할인 특화카드도 나와 있으므로 관심을 가질만 하다. 이 신용카드의 경우 ℓ당 60원이 할인되며, LPG충전소에서도 ℓ당 30원이 할인된다. 또한 '스피드메이트'에서 연 2회 무료 안전점검 및 타이어 펑크 수리와 엔진오일 2만원 할인 혜택을 누릴 수도 있다. 단, 주유할인과 자동차 관련 서비스는 전월 일시불/할부 결제금액의 10%를 모두 합쳐 30만원 이상일 경우 제공되며, 할인받은 주유금액은 전월 실적 산정에서 제외된다.

Q 해외 출장이나 해외여행이 잦은 직장인들이 선호하는 항공사 마일리지카드는 어떤 카드가 좋은가?

A 항공마일리지는 '카드 사용액 1,500원당 1마일'(대한항공) 또는 '1,000원당 1마일'(아시아나항공) 적립을 기본으로 하는데, 카드사마다 조건이 조금씩 다르므로 꼼꼼히 챙겨보는 것이 중요하다.

출시 10주 만에 1만장이 발급될 만큼 인기를 끌고 있는 항공마일리지전용 카드의 경우 '프리미어 마일' 제도를 도입해 항공마일리지 유효기간의 단점을 피해갈 수 있게 했다. 이 신용카드의 경우 결제액 1,000원당 1포인트가 쌓이는데, 첫 해엔 5,000 프리미어 마일을 주고, 추가로 매년 △카드사용을 2,000만원 이상 4,000만원 미만 사용시 5,000 프리미어 마일을 받을 수 있다. 이 프리미어마일은 원할 때 언제든지 항공사 마일리지와 교환할 수 있다. 1프리미어 마일은 대한항공 1마일 또는 아시아나항공 1.35마일로 교환된다. 이는 카드사중 최고 수준의 마일리지 적립량이지만, 연회비(12만원)가 비싸다는 게 가장 단점이다.

Q 신용카드는 편리한 도구이지만 분실, 도난시에는 원하지 않는 피해를 당하는 경우가 많다고 하는데, 신용카드 사고 방지를 위한 방법은?

A 최근 해외 여행 중에 신용카드 사고를 당하는 경우가 늘었다고 한다. 해외에서 물품을 구입하면서 종업원에게 카드를 맡겼는데, 나중에 카드가 복제되었다거나 하는 등의 피해를 입는 경우가 늘어난 것이다. 이러한 피해를 줄이는

몇 가지 방법은 첫째, 신용카드를 발급받았을 경우 신용카드 본인 서명란에 서명을 반드시 해야 한다. 서명을 하지 않고 분실한 경우 이를 줍거나 훔친 사람이 서명란에 아무렇게나 사인한뒤 사용해도 가맹점에서 이를 확인할 방법이 없다. 또한 분실 사고가 발생해도 카드 뒷면에 서명을 하지 않았으면 카드사로부터 보상처리를 받지 못한다.

둘째, 카드를 분실하거나 도난당했을 경우 즉각 카드사에 신고해야 한다. 통상 신용카드회사들은 24시간 사고신고를 받을 수 있는 시스템을 갖추고 있으며 분실 도난으로 발생되는 제2차 카드사고(제3자의 물건구입, 현금인출)를 예방할 수 있다.

셋째, 비밀번호는 철저하게 관리해야 한다. 어떠한 경우에도 비밀번호를 노출해서는 안되며 모든 카드 사고에서 현금서비스 인출은 보상처리가 되지 않는다. 신용카드와 비밀번호가 곧 현금인 것이다.

Q 신용카드 분실이나 도난 등의 사고에 대해 대처하는 방법은?

A 먼저 신용카드의 분실 도난사실을 인지했을경우 해당 카드사에 전화를 걸어 본인확인 후 신고를 한다. 신고시에는 접수번호를 메모해 두어야 하며 신고 이후부터는 해당 신용카드는 승인이 나지 않아 사고의 위험이 없다. 만약 신고이전에 부정매출이 발생했을 경우에는 해당카드사의 사고조사팀에 의뢰해 처리보상에 관한 제반사항을 듣는 것이 좋다.

통상 부정매출의 경우 주민등록등본, 주민등록증, 소정의 수수료(대개 2만원 정도) 본인사진 등을 들고 해당카드사에 방문 후 서면으로 신고서를 작성한 후 카드사에서 내용을 검토 조사한 뒤 1~2주후 부정매출에 대한 보상처리가 가능하다. 주의할 것은 신고를 했다고 해서 모든 경우 전액보상처리가 되는 것은 아니다. 회원이나 가맹점의 부주의로 인한 경우는 일부 본인부담을 하는 경우도 있다.

Q 해외에서 신용카드 사용했을 경우에도 휴대폰 문자로 알려주는 문자메시지(SMS) 서비스는 가능한가?

A SMS(휴대폰 문자알림서비스)서비스도 가능하다. 국내 뿐 아니라 해외에서의 신용카드 결제내역을 본인의 휴대폰으로 실시간 전송되기 때문에 신용카드가 부정사용 될 경우 곧바로 조치를 취할 수가 있다. 카드사 홈페이지에서 신청이 가능하고, 콜 센터에 전화하면 된다. 단, 서비스이용 대금을 내야 하며, 월 1,000원 이내의 정액제이다.

Q 환율 추이에 따라서도 신용카드 사용방법을 달리하면 여행비를 줄일 수 있다고 하던데?

A 환율추이에 따라 현금과 신용카드 사용을 잘 병행하면 한 푼이라도 더 아낄 수 있다. 환율이 떨어지는 추세일 때는 신용카드가 유리하고, 반대로 환율이 올라가는 추세일 때는 현금이나 여행자수표가 유리하다. 신용카드를 사용할

때 환율은 사용당일의 환율이 아니고, 국외에서 카드를 사용한 거래 내역이 국제 카드사로부터 국내 카드사에 접수되는 날의 환율이 적용된다. 통상적으로 사용한 날로부터 보통 3~7일 이후의 환율로 보면 된다.

Q 해외에서 신용카드 사용시 주의할 점이 있다면?

A 여권과 카드상의 영문 이름이 일치하는지 미리 확인해야 한다. 여권상의 영문 이름과 신용카드 상의 이름이 다를 경우 카드 결제를 거부당할 수 있기 때문이다.

여행을 떠나기 전에 신용카드 유효기간과 결제일을 확인하는 것도 중요하다. 해외 체류 중에 유효기간이 경과한다든가, 카드대금이 연체되면 현금서비스나, 카드 사용에 제한을 받을 수 있으므로 출국 전에 미리 결제대금을 확인해서, 결제 통장에 넣어두고 여행을 떠나야 한다.

Q 해외에서 신용카드를 분실하는 경우는 어떻게 해야 하나?

A 되도록 빨리 카드 회사로 연락을 취해야 한다. 대개의 카드 회사에서는 급할 경우 콜렉트콜로 전화를 받아 주므로 도난, 분실시의 연락처를 반드시 알아두고, 카드 번호도 메모해 둔다.

우리나라의 카드 회사 전화번호를 모를 경우에는 각국에 있는 카드 발행회사의 지점이나 가맹은행으로 연락하고, 무효수속이 끝나면 우리나라로 돌아와서 재발행 수속을 밟으면 된다. 여행 중 신용카드가 없어 곤란한 사람은 긴급 재발행 수속을 밟을 수 있다.

신용카드는 평소 본인의 철저한 관리가 무엇보다 중요하다. 매일 카드를 확인하는 습관과 꼭 필요한 카드만 휴대하는 것이 필요하다. 여러 카드를 들고 다니면 분실시에도 분실여부를 확인하기가 어렵고, 바꿔치기를 당했을 경우에도 일일이 확인하기가 어렵다. 그러나 카드 한두개만 사용하면 평소 관리가 용이하다. 한 두 개의 카드만 사용하게 되면 카드 사용내역을 일목요연하게 볼 수 있고, 카드사용내역이 훌륭한 가계부가 된다.

Q 카드 무분별하게 사용하면 독이 된다고 하는데 카드 재테크에 도움을 준다면?

A 네, 기존 카드를 없앨 때 가장 오래된 카드 1장은 남겨 놓는 것이 좋다. 개인신용등급 산정 과정에서 신용 거래기간 단축으로 불이익을 받을 수 있기 때문이다. 연회비를 줄이는 가장 쉬운 방법은 국내전용카드를 발급받는 것이다. 통상 비자·마스터 등의 로고가 없는 카드는 연회비가 2,000~5,000원가량 싸다.

카드를 새로 발급받으면 반드시 뒷면에 서명부터 해야 한다는 점을 명심하고, 무분별한 사용을 줄이려면 카드 명세서는 가능한 한 이메일 대신 우편으로 받아보는 것이 좋다. 결제내역 문자메시지(SMS) 전송 서비스를 신청해두는 것은 필수이다.

3.
투자

1990년대 후반 '바이코리아' 열풍과 2007년 '중국펀드' 열풍에서 보듯 시대에 따라 유행처럼 번졌던 투자 방법들이 있었다. 문제는 개인들이 시장이 과열될 때 투자를 시작하고, 거품이 꺼지면서 손해를 보는 패턴이 매번 반복된다는데 있다. 시장의 흐름에 영향을 받지 않는 성공적인 투자 방법에 대해 알아보자.

1) 배당주 투자

Q 주식 시장이 오르락 내리락 할 때에는 전문가들이 배당주 투자를 권유하는 데, 배당주 투자란 무엇인가?

A 주식시장이 오르면 오르는대로, 내리면 내리는대로 주식 투자는 어느 상황에서건 고민이 되는데, 주식 투자 중에서 상대적으로 안전하게 투자하는 방법 중 하나가 배당주 투자이다. 배당주 투자란 상장주식 중 높은 배당이 예상이 되는 종목을 골라 투자하는 것을 말한다.

배당주는 일반 성장주보다 주가가 월등히 높지는 않지만 한번 올라간 주가는 잘 떨어지지 않으려는 성향이 강하다. 일반적으로 배당성향이 높은 주식들은 상승장에서의 수익률이 성장주보다 높지는 않지만, 하방경직성(이미 오른 주가가 잘 떨어지지 않는 성격)이 강해 안정적인 수익률을 내는 특징이 있다.

Q 배당주의 경우 매년 하반기가 되면 다른 종목 강세를 보인다는 데, 특별한 이유가 있나?

A 배당주는 대부분이 8~10월말 주가가 저점까지 내려 갔다가 하반기로 갈수록 상승세를 이뤄 코스비 대비 초과 수익률을 내는 경우가 많다. 배당주들은 하반기로 갈수록 배당에 대한 매력이 부각되면서, 투자자들의 집중적인 관심을 받아 주가가 상승하는 경향이 강하다. 모 증권사의 분석에 따르면 배당 상위 종목들은 8월말~10월말에 주가 저점을 형성한뒤 상승세를 타 코스피 대비 초과 수익률을 기록해 온 것으로 나타났다.

실제로 2001년 배당지수가 만들어진 이후 2008년까지 총 8번 가운데 6번은 9월에 배당지수에 편입된 종목들의 수익률이 코스피 지수를 뛰어넘었다.

Q 아무리 배당주 투자가 안정적이라고는 하지만 초보자가 하기는 아무래도 부담스러운데, 보다 쉬운 투자 전략을 소개한다면 어떤 것이 있을까?

A 미국 월가에 잘 알려진 '다우의개(Dog of the Dow)' 투자전략을 우리나라의 배당주에도 적용해보면 좋을 것이다.

> **다우의 개(Dog of the Dow) :** 미국 다우지수 구성 종목 중 전년도 배당수익률이 높은 10개 종목을 골라 같은 금액씩 1년간 분산 투자하는 방식

다우의 개 투자전략은 미국 다우지수 구성 종목 중 전년도 배당수익률이 높

은 10개 종목을 골라 같은 금액씩 1년간 분산 투자하는 방식이다. 1년이 지나면 이 종목을 매도해 현금을 마련한 후 다시 전년도 배당 수익률이 높은 10개 종목을 골라 분산투자 한다.

1973년~1999년까지 다우지수 연평균 수익률 14%
⇨ 다우의 개 전략을 활용해 연평균 수익률 20%

간단한 방식 같지만 배당주를 장기투자하게 되면 예상 외로 위력을 발휘하는데, 1973년부터 1999년까지 다우지수는 연 평균 14% 수익률을 올렸지만 다우의 개 전략을 활용할 경우 연 평균 20%의 수익률을 올려 연 평균 5% 이상 지수 상승률을 웃도는 수익을 올렸다.

단, 다우지수의 개 전략은 시장 전체가 강하게 상승할 때는 이들 종목의 성과가 상대적으로 부진하니 약세장이나 박스권장에서 보다 유용한 전략이라 하겠다.

Q 배당주에 직접 투자하기 어려울 경우 간접투자를 하는 것도 방법일 것 같은데, 우리나라 배당주 펀드의 상황은 어떤가?

A 배당주 펀드는 배당주를 직접 고르는데 자신이 없는 투자자들에게 대안이 될수 있다. 현재 국내에서 운용중인 배당주 펀드는 약 60개이고, 설정액은 4조 5,000억원 수준이다. 얼핏보면 선택의 폭이 좁아 고르기 수월할 것도 같지만 개별 펀드 성과의 차이가 상당하므로 꼼꼼히 따져서 자신에게 맞는 배당주

펀드를 선택해야 한다.

행복한 부자 되기

120

Q 같은 배당주 펀드임에도 이렇게 수익률 차이가 상당한 이유에는 어떤 것들이
있을까?

A 배당주 펀드의 수익 차이가 큰 이유는 배당주 펀드마다 꾸려지는 포트폴리오
가 다르기 때문이다. 따라서 배당주 펀드를 선택할 때에는 펀드 편입 종목을
눈여겨보는 것이 좋다. 사실 배당주 펀드는 순수 배당성향 지표가 종목을 고
르는 기준이 되어야 하는데, 배당주 펀드 중 일부는 포트폴리오를 시장 수익
률을 따라가기 위해 배당 성향이 높지 않은 종목들을 껴 넣는 경우가 있다.

즉, 배당주 펀드는 순수 고배당주에만 초점을 맞추는 패시브형의 펀드와 주
가 상승 종목들을 적극적으로 편입하는 액티브형의 펀드로 나눠지므로 포트
폴리오 구성시 주의를 해야 한다.

Q 배당주 펀드 투자 시 주의점은?

A 첫째, 펀드 내 배당주 편입비중과 평균 배당수익률이 어느 정도인지 따져보
라. 배당주 펀드는 말 그대로 고배당 성향의 주식에 투자를 해서 다른 성향의
펀드와 분산 효과를 높일 수 있어야 한다.

따라서 펀드 내 배당주 편입비중이 높고, 평균 배당수익률도 동일 유형 펀드

대비 높은 펀드를 선택하는 것이 바람직하다.

Q 펀드 수익률을 내는데는 장기투자가 기본인데, 배당주 펀드도 그 원칙은 변함이 없나?

A 배당주 펀드는 기본적으로 수익이 꾸준히 증가해 배당 수익률이 점차 늘어나는 기업들에 투자하므로 단기 수익률보다 장기 수익률을 주시해야 한다.
실제로 배당주 펀드는 투자기간이 길수록 수익률이 좋았기 때문에 장기적 성과가 우수한 펀드를 선택하는 것이 바람직하다.

2) 상호저축은행 선택요령

Q 재테크 관련 기사를 보면, 목돈을 마련하는 수단으로. 저축은행의 예.적금을 적극적으로 활용하라는 말들이 많다.

A 그렇다. 단기금융상품으로 현재까지 가장 높은 금리를 제공하면서도 예금자보호를 해주는 금융상품은 상호저축은행의 예.적금상품이 유일하기 때문이다. 일반적으로 싱호지축은행의 예금은 은행보다 적게는 1%에서 많게는 3%이상 높은 이자를 주면서, 1인당 5천만원까지 예금자보호를 해주고 있기 때

문에 목돈마련에 최적의 상품이라 할 수 있다. 현재는 만 20세 성인 1인당 1천만원까지 세금우대혜택을 주고 있어서 이자소득세를 줄이는 세테크도 가능하다.

물론 신협, 새마을금고, 단위농협 등 상호금융회사의 조합원 비과세 적금을 활용하면 1인당 3,000만원까지 비과세 혜택을 누릴 수 있어서 목돈마련수단으로 활용할 수 있다.

Ⓠ 예금자보호 얘기가 나왔으니 말인데, 상호저축은행은 좀 불안하다는 인식이 있다. 실제로 예전에 상호저축은행이 문을 닫은 사례가 있지 않나?

Ⓐ 좋은 지적이다. 그렇기 때문에 상호저축은행의 금융상품을 가입할 때는 우선 예금자보호 한도인 5,000만원 한도로 가입하는 것이 중요하다. 정기예금을 가입할 때는 4,700만원 정도로 가입하면 상호저축은행이 부도가 나더라도 '원금+이자' 5,000만원을 보호받을 수 있다.

두 번째로, 일명 8(팔) 8(팔)클럽에 속하는 저축은행을 고르는 것이 중요하다. 여기에 속하면 일단 1년 내에 망할 가능성이 상당히 낮기 때문이다.

Ⓠ 88클럽이라는 것은 무슨 뜻인가?

Ⓐ 88클럽은 두 가지 조건을 가진 저축은행을 일컬을때 사용한다. 일단 이 클럽

에 속하면, 재무적으로 건전성을 가진 저축은행으로 평가할 수 있다.

첫 번째 8은 BIS비율(국제결제은행이 정한 비율)이 8%이상이어야 한다는 뜻이다. BIS비율은 정확히 얘기하면 '위험가중자산에 대한 자기자본비율'을 말한다. 일반 금융기관의 자본적정성을 판단하는 기준이 되는 자기자본비율로서 자기자본을 대출, 외화자산 등이 포함된 위험가중 자산으로 나누어 산출한다. 정상적으로 돈을 빌리려면 최소한 8%의 자기자본비율을 지켜야 하며 이를 지키지 못하면 국외차입 자체가 어렵게 되거나 차입하더라도 높은 조달비용을 부담해야 한다. 이 수치가 높을수록 건전성이 높은 저축은행이다. 은행은 8% 이상, 저축은행은 5% 이상이 되어야 하는데. 그렇지 못하면 금융감독원으로부터 적기 시정조치를 받게 된다.

두 번째 8은 고정이하 여신비율이 8% 이하여야 한다는 뜻이다. 고정이하여신비율은(고정이하여신을 합산한 금액 총여신) 100으로 계산한다. 은행의 회계기준으로 여신을 분류할 때 정상, 요주의, 고정, 회수의문, 추정손실로 분류하는데, 이는 대손충당금 적립, 대손상각 등과 관련이 있어 은행의 여신건전성 판단에 매우 중요한 자료이기 때문이다. 고정이하여신비율이 증가했다 함은 그만큼 경영상태가 나빠졌다고 볼 수 있고 수치가 낮을수록 건전성이 높은 저축은행으로 볼 수 있다. 현행 저축은행 감독규정은 고정이하 여신비율이 8.0% 이하인 저축은행을 자산이 건전한 업체로 류하고 있다.

그렇다면 건전한 저축은행의 선택에서 가장 중요한 것이 '88'클럽이라고 할수 있나?

A 절대적인 기준은 아니지만 일반적으로 BIS비율, 고정이하여신비율을 우선적으로 체크하고, 당기순이익, 여수신 규모(총자산) 등을 참고하면 상호저축은행의 건전성을 체크 하는 데 도움이 될 것이다. 이 같은 각 은행별 경영 공시 자료는 상호저축은행중앙회의 홈페이지나 해당은행 홈페이지, 객장에 비치된 경영공시자료를 통해 쉽게 알아볼 수 있다.

상호저축은행은 반기별로 저축은행중앙회에 경영사항을 공시하는데, 경영공시는 현재 반기단위로 보통 12월말, 6월말 기준으로 1년에 2회 공시된다. 경영공시는 1.영업개황 2.재무현황 3.손익현황 4.기타 등 4개 부분으로 구분되어 있다.

영업개황에는 저축은행의 규모, 거래소 상장 여부 또는 코스닥 등록 여부 등을, 재무현황에는 해당 은행의 해당시점 현재 자산 및 부채, 자본이 얼마나 있는지를 보여주는 재무제표를, 손익현황은 재무제표의 일종인 손익계산서를 요약해 놓고 기본적으로 매출규모 및 영업이익, 당기순이익이 플러스인지 마이너스인지를 보여준다. 기타는 이름은 기타지만 상호저축은행의 건전성을 평가하는 가장 핵심적인 정보가 다 들어 있다. 따라서 이 부분을 꼼꼼하게 챙겨보는 것이 필요하다.

3) 고수익 단기금융 상품

Q 금리가 떨어지는 시기에는 안정적이면서도 높은 이자를 받을 수 있는 상품을 찾아보기 힘들다. 이 때 원금 보장을 원하는 보수적인 투자자의 경우 은행권의 정기예금 외에 선택의 폭이 적은데?

A 금리가 낮아서 투자할 때가 없을 때, 안정적이면서 고수익을 내는 방법이 없는지 궁금해하시는 분들이 많다. 큰 금액은 아니더라도 약간의 목돈을 가지고 있다면 투자할 수 있는 상품이 있는데, 바로 CP금전신탁과 신주인수권부사채(BW)이다. 주식형 상품보다 안정성은 뛰어나고, 정기예금보다 기대수익률은 높아 부자들이 관심을 가지는 상품인데, 최근에는 소액으로도 투자할 수 있는 방법이 생기면서 일반인들의 관심이 늘어난 상황이다.

Q 부자들이 가입하던 상품이고, 안정성도 뛰어나고 수익률도 높다고 하니까 귀가 솔깃한데, 우선, CP금전신탁은 무엇인가?

A CP금전신탁의 CP는 기업어음을 말하며, 기업이 단기 운영자금을 마련을 목적으로 발행한 만기 1년 미만의 채권이다. 기업 입장에서는 차입금 상환 등의 급전이 필요할 경우, 회사채처럼 액면 단위를 여러 개로 쪼개 다수의 투자자를 대상으로 자금을 조달하는 것보다, CP를 통하여 큰 손으로부터 '물밑' 조달하는 방법을 선호한다.

이런 점 때문에 소액 투자자들은 CP투자가 사실상 불가능했는데, 증권사들이 CP를 공동으로 구매한 후 '고객이 증권사에 자금을 맡기고 운용대상 등을 개별적으로 계약하는 '특전금전신탁'을 통해' CP를 분할 매수하는 상품을 개발하면서 소액 투자도 가능해졌다.

즉, CP 투자를 원하는 고객은 특전금전신탁에 돈을 맡기고 신탁사인 증권사가 CP를 매수해 소유권을 갖는 대신 CP에서 발행한 수익권을 투자자에게 주는 CP금전신탁을 만든 것이다. 즉, 펀드처럼 자금을 공동 운용하는 것과 같은 효과를 얻게 된 셈이다.

Q CP금전신탁을 활용하면 어떤 장점이 있나?

A 우선, CP금전신탁의 수익률이 일반적인 단기 금융상품보다 월등하게 높다는 점이다. 일반적으로 은행의 정기예금 금리에 비해 2~3% 이상 높은 경우가 대부분이다. 또한, CP금전신탁은 만기 2~3년의 회사채와 달리 만기를 3개월, 6개월, 1년 등으로 설정하여 가입할 수 있어 단기 자금 운용에 유리하다.

앞서 설명했다시피 소액 투자도 가능해져서 1,000만원으로도 액면가가 50~100억이 되는 CP를 금전신탁이라는 상품으로 구입할 수 있다. 즉, 1,000만원 이상의 돈으로 단기간 고수익을 올릴 수 있는 안정적인 금융상품이라는 것이다.

Q CP금전신탁을 가입하려면 어느 금융회사를 찾아가야 하나?

A 은행이나 증권회사를 찾아가면 되는데, 최근 인기가 높아지면서 선착순으로 모집하는 경우가 많아 거래하는 은행이나 증권를 방문해서 예약을 하는 방법을 사용할 수 있다. 또한 증권사에 따라 CP금전신탁에 가입할 경우, 만기 이전에 해약을 원할 때 매입을 하려는 사람을 연결해주는 서비스도 제공하고 있으니 참고할만 하다.

Q CP금전신탁 가입시 주의할 사항은?

A CP금전신탁은 기업어음을 담보로 만든 상품이므로 기업이 부도나면 당연히 원금손실의 위험이 있다. 따라서 기업의 등급이 A등급 이상인지를 확인하고, 본인이 판단할 때 우량하다고 판단되는 기업의 CP금전신탁을 매입하는 것이 좋다.

또한 1년 미만의 단기자금을 활용하기에 좋은 금융상품이지 장기상품으로는 어울리지 않는다는 사실을 기억하는 것이 좋다.

Q BW(신주인수권부사채)에 대해서 설명한다면?

A 그동안 코스닥기업의 전유물로 여겨졌던 신주인수권부 사채(BW)가 대기업들의 구조조정이 본격화되면서 자금조달 방법으로 애용되고 있다. BW는 채권을 그대로 보유하면서 향후 주식을 인수할 수 있는 권리(신주인수권)가 주

어진 회사채를 말한다. 최근 중견 기업들이 BW를 발행하면서 개인투자자들에게는 신주를 인수할 권리를 주고, 채권의 기본 금리를 보장해주고 있어서 인기가 커지고 있다.

Q BW를 개인들이 매입하면 어떤 점이 좋은가?

A 회사채 구입을 통해 기본적으로 받을 수 있는 이자수익을 기대하면서도 신주인수가격이 이미 정해져 있어서 나중에 전환가격 행사시 상당한 수익을 거둘 수 있다는 것이다.

예를 들어 표면금리가 5%인 신주인수권부채권을 구입했는데, 주가가 상승하는 모습을 보여서 신주인수권을 받게 되면 주식시세차익에 대한 이익까지 얻게 돼서 최소한 연 10%이상의 수익을 얻게 된다는 것이다. 다만 주의할 점은 발행목적이나 조달금리수준, 권리행사가격을 잘 살펴서 현재 시세보다 높으면 구입을 하지 않는 것이 좋다.

4) 주식시장과 어닝시즌

Q 요즘 신문을 보면 경제용어들이 많은데 용어에 대한 이해도가 떨어지는 경우

가 많다. 특히 주식시장에 대한 용어만 잘 이해해도 성공적인 투자를 할 수 있을 것 같은데, 흔히 듣게 되는 '어닝시즌'이라는 말을 무엇인가?

🅰 주식 시장에 관심있는 사람들이 가장 많이 듣는 용어 중 하나가 바로 '어닝시즌'일 것이다. 어닝시즌은 그만큼 주가의 움직임과 밀접한 관련이 있기 때문인데, 과거 기사를 보면 '지난주 후반 미국 웰스파고 은행의 깜짝 실적은 어닝시즌 우려감, 특히 실적 호전을 공공연히 내세우며 증시에 온기를 불어넣었던 금융주들의 성적표에 대한 불안감을 날려줬다.' 라는 식으로 많이 등장한다.

🆀 어닝시즌이라는 말이 뭔가?

🅰 어닝 시즌(Earning season)은 한마디로 '기업들의 실적이 집중적으로 발표되는 시기'를 말하며, 대체로 분기마다 기업들의 실적이 집중적으로 발표되므로, 이 시기를 뜻한다고 보면 무난하다.

'어닝시즌'에는 기업들의 실적에 따라 주가의 희비가 엇갈리는데, 특히 여러 기업의 실적이 한꺼번에 쏟아지게 되어 복잡하면서도 예상치와 대비되는 결과가 나오는 등 주가의 변동이 많은 시기로 보면 된다. 특히 경기가 침체되어 있는 상황에서의 '어닝시즌'은 다른 요소들보다 기업실적이 주가의 움직임에 영향을 미치는 영향이 크기 때문에 투자자들의 큰 관심사가 될 수 밖에 없다.

Q 어닝시즌이라는 말이 뭔지는 이해가 되었는데, 그렇다면 연중 언제쯤이 어닝 시즌인가?

A 우리나라 대부분의 제조업체들의 1년 결산월은 12월이고, 증권, 은행, 보험 등 금융회사들의 결산월은 3월이다. 미국의 경우 주요기업의 결산월이 3월, 8월, 12월이다. 또한 기업의 실적을 분기별로 발표하도록 되어 있어서 투자 자들은 연중 내내 기업들의 실적발표를 근거로 무엇을 사고, 무엇을 팔지를 결정하게 된다.

따라서 12월 결산의 1분기 어닝시즌은 보통 4월 둘째 주에 집중발표가 된다. 2분기 어닝시즌은 7월 둘째 주, 3분기 어닝시즌은 10월 둘째 주, 4분기 어닝 시즌은 1월 둘째 주라고 보면 된다. 묘하게도 4월은 벚꽃피는 시기가 어닝시 즌과 거의 맞아 떨어진다.

Q 예를 들어 'OO전자, 어닝서프라이즈가 기대된다.'라는 기사에서 어닝서프라 이즈는 무슨 말인가?

A 어닝시즌에 발표된 기업실적이 예상보다 좋으냐, 나쁘냐를 가지고 하는 말 로 생각하면 된다. 예상보다 좋으면 놀라워서 '어닝 서프라이즈(surprise)'라 하고, 기대했던 수준보다 나쁠 때는 '어닝 쇼크(shock)'라고 표현한다. 이때 기준을 잡는 시장의 기대수준은 증권사 애널리스트들의 실적 추정치가 적용 된다.

Ⓠ 그렇다면, 투자자 입장에서는 어닝서프라이즈가 될만한 기업을 찾으려고 애쓸 것 같은데?

Ⓐ 어닝시즌에는 실적에 따라 주가 향방이 결정되기 때문에 기업별 주가가 많이 움직이게 된다. 특히 지금과 같은 약세장일 때는 기업 성장성보다 실적이 중시돼 주가 등락폭이 더욱 커지게 된다.

그러나 소문에 사고 뉴스에 파는 것이 좋은 투자라고 알고 있을 것이다. 혹시 가지고 있던 주식이 그야말로 깜짝 실적이 나온다면 그때는 보유하는 것이 아니라 매도할 시기를 조율하는 것이 중요하다.

Ⓠ 투자자 입장에서 어닝시즌에 주의할 점이 있다면?

Ⓐ 어닝시즌에는 마치 시골 장터 같은 어수선한 분위기가 연출되기 때문에 자칫 분위기에 휩쓸린 투자를 하기 십상이다. '어닝쇼크'나 '어닝서프라이즈'가 발생했다는 것은 해당 기업 또는 관련 산업이 예측범위에서 벗어난 어떤 사건이나 변화가 있었다는 것을 의미하기 때문에 일시적이건 장기적이건 주가에 영향을 미칠 수 있다.

어느 기업의 실적이 적자이더라도 시장 예상치를 상회하면 주가가 상승하는 경우가 종종 있으며, 사상 최고치의 성과를 보이더라도 시장 예상치를 하회하면 주가가 하락할 수도 있다. 또 시장은 어닝 쇼크와 어닝 서프라이즈가 잦은 기업에 프리미엄 대신 디스카운트를 요구한다. 이 때문에 일부 기업이 예측치에 근접하기 위해 실적을 조작하는 경우가 있고 시장이 어닝 쇼크와 서프라이즈에 뒤늦게 과잉반응해 주가가 재조정을 받을 수 있다는 점도 잊지 말아야 한다. 즉, 예상치를 너무 과장해서 해석하고 적용하는 증권시장의 주변여론에 평정을 갖고 대응하는 적응력이 필요하다.

5) 주가지수 연계상품

Q 주식 시장의 경우 등락을 반복하는 경우가 많고, 이 경우 투자자 입장에서 불안한 것이 사실이다. 이러한 상황에서 투자 대안으로 생각할 수 있는 것이 주가지수연계상품이라고 하는데?

A 주가지수연계상품은 말 그대로, 주가지수와 연계하여 수익률이 결정되는 상품이다. 주가지수연계형 상품은 ELS(Equity Linked Securities), ELD(Equity Linked Deposit), ELF(Equity Linked Fund)로 구분되는데, 주가 또는 지수의 변동에 따라 만기 지급액이 결정되는 증권(예금, 펀드)으로서, 투자자는 만기시에 '원금+α' 또는 원금의 일정비율을 받게 된다. 투자자금의 일부는 채권투자를 통해 원금을 일정부분 보장하고 나머지는 주가지수 또는 개별 종목의 등락에 연동해 수익률을 결정하는 옵션 등으로 구성된 파생상품의 일종이다.

Q 주가지수연계상품의 기본 원리는 무엇인가?

A 일반적으로 투자 원금의 80~90% 정도의 금액으로 채권을 매입해 만기 시 투자원금을 확보한 후, 나머지 자금으로 주식, 원자재, 실물과 같은 위험자산에 투자하게 된다. 예를 들어 1천만원을 투자한다고 가정할 경우, 투자자금 중 950만원은 국채 1년물(이자율 5%로 가정)에 투자하고, 나머지는 파생상품에 투자하게 된다. 이 때, 국채에 투자한 950만원은 1년 후에 약 1000만원이 되어 원금을 확보할 수 있으며, 나머지 자금 50만원으로 위험자산에 투자하여 만기시 최소한 원금 이상의 수익률을 얻고자 하는 것이다.

이렇게 원금을 확보하기 위한 채권투자자금과 원금 이상의 초과 수익률을 얻기 위한 위험자산투자자금으로 나누어지는 것이 주가지수상품의 기본원리이다.

Q 주식형 펀드와는 어떤 차이점이 있나?

A 주식형 펀드는 투자된 자금을 펀드매니저가 운용해서 그 결과에 따라 실적을 배당하는 상품이라면, ELS는 가입시점에 수익률 계산식이 명확히 제시되어, 사전에 정해진 조건에 의해 채권처럼 수익이 확정되는 상품이다. 물론 정해진 조건에 해당되지 않으면 손실을 볼 수 있다.

Q 주가지수연계상품은 어느 금융기관이든 가입이 가능한가?

A ELS는 증권회사에서 판매하는 상품으로 청약을 통해 가입이 가능하며, 주가
연계예금 ELD는 은행의 정기예금에 주가를 연동한 상품이다. 그리고 주가연
계펀드 ELF는 ELS를 자산 운용사에서 운용하는 펀드형태로 만들어 판매하
는 상품이다. 세 상품 모두 주가에 연계되어 수익이 결정된다.

구분	주가연계예금 (ELD)	주가연계증권 (ELS)	주가연계펀드 (ELF)
운용회사	은행	증권사	투신사
판매기관	은행	증권사	은행, 증권사
원금보장 여부	원금보장 (예금자보호법 적용)	사전제시수익률	없음 (목표수익추구)
만기수익	사전에 제시한 확정수익 지급	사전에 제시한 확정수익지급	운용성과에 따른 실적배당
만기상환소득	이자	배당	배당 또는 이자
과세	전액과세	전액과세	배당, 이자 등 과세

Q 주가지수연계펀드는 원금이 보장되나?

A ELS는 원금이 100% 보장되는 형태, 원금의 90~95% 정도로 부분보장이 되
는 형태, 주가가 일정기간 40~50% 정도 하락하지 않는다는 조건으로 원금
을 보장해주는 형태 등 종류가 다양하다. 원금보전형은 원금의 90%수준을
보장해주는 것이고, 원금비보장형은 수익률추구형이라는 말이 붙는다. ELS
나 ELF에 투자했다가 원금손실이 발생했다면 고수익을 노리고, 원금 비보장

상품에 가입했기 때문이다.

Q 주가지수연계상품의 경우 원금 보장 여부를 꼼꼼히 따져봐야할 것 같다.

A 그렇다. 상품에 가입하기 전 수익구조를 봐야 하는데, ELS는 일반적으로 원금이 보장되는 것으로 알고 있으나, 원금이 손실나는 ELS도 많다. 원금 보존에 중점을 둔 원본보존 추구형인지, 고수익에 중점을 둔 원본 비보존형인지 투자자의 성향에 맞는 유형을 선택해야 한다. 그리고 조기상환 조건을 만족하지 못할 경우, 만기까지 해약이 어렵기 때문에 투자기간을 잘 고려해서 가입해야 한다.

Q 주가연계상품을 보면, 조기 상환이라는 조건이 붙는 것들이 있는데, 이건 무엇인가?

A 조기상환이란 만기 이전에 미래의 불확실성을 사전에 제거하고자 6개월 단위로 연계된 주식의 가격을 평가하여 조기에 상환해 주는 조건이다. 상품에 투자하고 6개월 뒤 조기상환조건에 부합한다면, 투자금액을 받을 수 있다. 일단 조기상환이 되면 본인의 의사와는 상관없이 원금과 수익률을 받고 상품은 소멸하게 된다. 금리조건이 좋다고 해서 상환을 안 받고 계속 투자할 수 없으며, 조기상환금을 지급받고 나면 다른 상품에 다시 청약해야 한다.

Q 주가지수연계펀드는 정말 여러 가지로 고려해야할 사항이 많은 것 같은데, 상품 가입시 어떤 걸 주의해야 하나?

A 먼저 기초자산을 확인해야 한다. 기초자산은 개별 주식일 수도 있고, 종합주가지수일 수도 있다. 상품지수나 외국통화가 될 수도 있으며, 기초 자산이 하나뿐 아니라 두 가지 이상일 때도 많다. 기초자산이 두 가지 이상일 때에는 두 기초자산의 평균 값을 기준으로 하는가 하면, 제일 낮은 종목의 가격을 기준으로 하는 일도 있으므로 반드시 확인해야 한다. 일반적으로 변동성이 높은 자산이 기초자산이 되면, 수익률도 높게 제시되므로 유의해서 봐야 한다.

Q 주가지수연계펀드는 일반 펀드처럼 중간에 환매도 가능한가?

A 환매가 가능하기는 하지만, 주의할 점이 있다. ELF는 매일 상환이 가능하지만 ELS는 환매 가능한 날짜가 회사별로 달라 확인이 필요하다. 일부 증권사들은 주 1~2회로 제한하는 곳도 있고, 월 1~2회만 가능한 곳도 있다. 또 환매 시점에서 기초자산이 하락은 했으나 아직 ELS나 ELF가 원금손실 구간에 접어들지 않은 상황이라도 환매를 하면 지수 하락으로 인한 손실을 고스란히 떠안게 된다.

또 수수료와는 별도로 환매 수수료가 평균 5%가량 붙는다. 일반 주식형펀드처럼 수익 부분에 대해 5%가 아니라 전체 투자금액 대비 5%란 점을 주의해야 한다. 만약 투자기간 도중에 환매한다면 환매자금의 상당부분을 수수료로 물어야 하기 때문에 주의해야 한다.

6) 펀드 포트폴리오 와 환매

Q 개인투자자들의 경우 펀드 투자시 원금 손실을 경험했다가 주가가 상승하여 원금 이상으로 회복될 경우, 이 주식형 펀드를 환매해야할지, 그냥 가져가야 할지 고민하는 경우가 많은데?

A 경험상 주가가 하락세였다가 상승세로 전환될 경우, 펀드를 어느 시점에 환매해야하는지에 대한 문의를 많이 받는 것이 사실이다. 특히 2007년 주식형 펀드 열풍 속에 투자 위험성을 충분히 고려치 않고, 유행 따라서 펀드에 가입했던 투자자의 경우 이런 문의를 많이 하는데, 펀드 환매에 대해서는 분명한 원칙을 가지는 것이 필요하다.

Q 주가가 상승세로 전환되어 펀드 수익률이 개선이 되면 자금 이탈이 가속화되는 경우가 많은 것 같다.

A 우리나라 주식형 펀드의 경우 특히 주가가 크게 하락했다가 회복하는 시점에 개인들이 펀드를 환매하면서 자금이 순유출되이 상승 탄력을 받기 못하는 경

우가 많이 발생한다. 한 가지 우려스러운 것은 이러한 상황이 마치 2000년대 초와 비슷한 양상이라는 점이다.

그 당시에도 원금 하락에 고통을 받았던 개인들이 수익률이 회복되는 시점에 대량으로 펀드를 환매했지만, 그 당시 물량을 외국인들이 받아 투자함으로써 2000년대 중반 이후 급격한 주가 상승을 이뤄냈는데, 현 상황을 보면 그 당시의 상황과 매우 유사하다 할 수 있다.

Q 이렇게 개인들이 외국인들이나 기관투자가들과 반대 행보를 보이는 이유는 뭘까?

A 원칙을 제대로 세우지 않고 펀드에 투자하는 사람들은 상대적으로 각종 금융 정보와 단기 수익률에 민감해지는 경향이 있다. 3년 이상 장기적으로 편안한 마음으로 투자를 할 경우 실패할 확률은 줄어들게 되지만, 단기 경기 전망과 단기 수익률에 매이다보니 투자와 환매를 반복하면서 투자 실패가 반복되는 것이다.

예를 들어, 피터린치가 77년부터 90년까지 운용했던 마젤란펀드의 경우 당시 13년간 투자 수익률이 2,700%가 넘었지만, 이 펀드에 투자해서 원금을 손해 본 사람이 50%가 넘었다. 단기적인 전망으로 펀드에 투자와 환매를 반복한 결과라 할 수 있다.

Q 설명을 들어보면 펀드에 투자하고 환매할 때 자신만의 원칙이 있어야 할 것 같은데, 소개해준다면?

A 펀드의 투자와 환매는 수익률 중심이 아니라 재무목표를 중심으로 이뤄져야 한다. 즉, 단순히 펀드에 투자하여 수익률이 개선이 되면 환매하겠다는 개념이 아니라, 이 펀드에 투자하는 이유에 대해서 생각해보자는 것이다.

만약 5년 후 내 집 마련을 위해 주식형 펀드에 투자하는 사람이 있다고 가정해보면, 지금 당장 수익률이 오르건 떨어지는 것이 중요한 것이 아니라 5년 후 주식형 펀드를 환매할 때 내가 원하는 만큼의 자금을 만들 수 있느냐가 중심이 될 것이다.

반면, 당장 내년에 자녀의 대학 등록금을 위해 펀드에 투자한 경우 시간이 얼마 남지 않았기 때문에 수익률이 회복된 펀드는 환매하여 정기예금과 같은 안전자산으로 전환해야 단기적인 조정에 따른 위험을 이전시킬 수 있을 것이다.

Q 그렇다면 투자 기간에 따라 펀드의 환매 여부를 결정하면 되나?

A 맞다. 일단 주식형 펀드는 3년 이상 투자 기간을 가지고 여유있게 투자하되, 돈이 필요한 시점이 1~2년 이내로 다가올 경우 주식형 펀드는 분할하여 환매하고, 예금과 같은 채권형 자산 비중을 늘려가는 식의 위험관리를 한다면 재무목표를 달성하는데, 도움이 될 것이다.

또한, 투자 기간이 많이 남아있을 경우에는 최종 목표는 재무목표 달성이라는 것을 명심하고 단기적인 경기나 단기 수익률에는 초연한 모습을 보인다면 투자에 실패할 확률은 크게 줄어들 것이다.

Q 재무목표나 투자 기간외에 펀드 환매시 고려해야할 사항이 있다면 어떤 것들이 있을까?

A 환매 수수료와 세금 문제를 고려하지 않을 수 없습니다. 일반적으로 주식형 펀드는 만기 이전 환매할 경우 직전 3개월 간 투자했던 금액의 투자 수익에 대해 70%를 환매수수료로 책정하는 것이 일반적이며, 각 펀드마다 조금씩 차이가 있다. 따라서 무작정 펀드를 환매하는 것보다는 만기까지 유지하는 것과 환매수수료를 내는 것을 꼼꼼히 비교해보고 환매를 결정하는 것이 좋을 것이다.

Q 그렇다면 펀드 환매 시에는 어떤 세금을 고려해야 하나?

A 펀드 환매 시에는 양도소득세와 금융소득 종합과세, 소득공제 환급액 등을 고려해야 한다. 해외 펀드의 경우 자본 차익에 대해서 15.4%의 양도소득세가 과세되는데, 예를 들어 만약 해외 펀드의 수익이 4,000만원을 넘을 경우 4,000만원 초과분은 금융소득종합과세에 포함되어 훨씬 높은 세율로 과세될 가능성도 있다.

따라서 이러한 경우에는 종합소득으로 과세되지 않도록 연도별로 분할하여 환매하거나 일부 해외펀드를 자녀에게 증여하는 것을 생각해 볼 수 있다. 또한 장기주택마련펀드에 가입하여 소득공제를 받을 경우 5년이내에 펀드를 환매할 경우 기존 소득공제분이 환수되니 주의해야 한다.

※ 장기주택마련펀드 : 1년 이내 환매시 납입액의 8%, 5년 이내 환매시 납입액의 4% 추징

7) 상장지수 펀드

Q 상장지수펀드란?

A 상장지수 펀드 ETF(Exchange Traded Fund 지수연동펀드)란 특정한 주가지수의 움직임을 따라가도록 운용되는 투자신탁으로, 증권거래소에 상장된 주식과 동일하게 실시간으로 매매가 가능한 상품이다. 예를 들어, KOSPI 지수를 대상으로 한 ETF라면 KOSPI 지수의 구성종목에 연동하도록 종목을 보유하고 운용이 된다. 따라서 KOSPI200 지수를 대상으로 하는 ETF를 매입한다는 것은 KOSPI 200지수라는 주식을 매입하는 것과 동일하다고 할 수 있다.

Q 상장지수펀드(ETF) 투자의 장점은?

A 상장지수펀드는 시장에 투자하는 분산투자 효과, 거래소에 상장돼 주식처럼 거래되는 매매편의성, 운용의 투명성, 저렴한 운용보수(수수료는 0.49%, 일반주식형펀드 수수료 2.4%) 등의 장점이 있으며, 다양한 투자전략이 가능하다.

이러한 상장지수펀드의 장점을 세가지로 분류해보면 다음과 같다.

<u>첫째, 가격 변동 파악과 투자판단이 용이하다.</u> ETF는 매일 TV와 신문에서 볼 수 있는 주가지수의 움직임에 연동하도록 운용되는 상품이기 때문에 가격의 움직임을 쉽게 알 수 있다.

<u>둘째, 분산투자에 의해 리스크를 낮출 수 있다.</u> 특정종목을 보유하는 경우 해당 회사가 부도를 내게되면, 투자자는 모든 것을 잃게 되지만, ETF의 경우에는 대상주가지수를 구성하는 종목에 폭넓게 투자하는 효과가 있기 때문에 개별종목에 투자하는 것보다 그만큼 리스크가 분산된다고 할 수 있다.

<u>셋째, 소액의 자금으로 주식시장 전체의 매매가 가능하다.</u> 자금력이 부족한 개인투자가는 ETF를 이용할 경우 주가지수에 연동하도록 운용되는 투자신탁을 주식과 동일하게 매매할 수 있기 때문에 소액으로도 주식시장 전체에 대한 매매가 가능하게 되는 셈이다.

Q 상장지수펀드(ETF) 의 매매방법과 최소단위 금액은?

A 일반 주식의 거래방법과 동일하게 증권사에 주식매매 계좌를 개설하고 이 계좌를 통해서 매매하면 된다. 매매 방법도 직접 증권사 창구에서 직접 주문을 내거나 전화 또는 HTS(홈트레이딩 시스템)을 이용하는 등 원하는 방법으로 할 수 있다.

ETF 1주의 가격은 '지수x100' 이다. 예를 들어, Kodex200의 경우 KOSPI200 지수가 100 이면 Kodex200 1주의 가격은 1만원이다. 그런데 ETF도 거래소 상장 주식과 같이 10주 단위로 거래되어야 하므로 최소 거래금액은 10만원으로 결정이 되게 된다.

Q 상장지수 펀드(ETF)의 매매차익에 대한 수익도 거둘 수 있지만 분배금도 받을 수 있어서 일석이조의 효과를 거둘 수 있다고 하던데?

A 상장지수 펀드(ETF)가 투자한 기업이 지급하는 배당금 등을 기반으로 투자자에게 주식의 배당과 같은 분배금도 지급된다. ETF의 분배금은 분기마다한 번씩 지급되는 것이 원칙이지만 상황에 따라 자산운용사가 재량껏 정할수 있다. 운용사가 배당금과 운용 초과수익 등을 재원으로 운용비용을 제하고 결정한다.

8) 적립식 펀드 투자전략

Q 매월 저축식으로 펀드에 투자를 하는 것이 적립식 펀드로 알려져 있다.

A 적립식펀드란, 매월 일정금액을 적금 넣듯이 불입하는데, 불입하는 돈이 주식이나 채권, 실물 등에 투자되는 것을 말한다. 주식형 펀드의 경우를 예를 들면, 삼성전자20%, 포스코15%, 국민은행25%, 현대차 10%, 기타주식 30%의 비율로 투자하는 펀드에 매달 10만원씩 불입하면 불입시마다 기준가격으로 매입을 하게 되고 팔 때는 기준가격보다 비싸게 팔면 수익이 발생하는 것을 말하는데 10만원 가지고 투자하면 한개 주식도 사기가 어렵고, 전문적으로 운용할 수도 없지만 여러사람이 작은금액으로 불입하면 큰 금액이 되고 이것을 전문가가 운용해서 수익을 내주는 형태의 간접투자라고 할수 있다.

Q 펀드에 투자하려고 해도 너무 다양한 펀드가 출시되어 있다. 펀드의 종류는 어떻게 되나?

A 펀드는 부자아빠 3억만들기, 10년주식형, 밸류주식형, 고배당펀드, 석유펀드 등 이름도 다양하고 내용도 다양한 펀드들이 판매되고 있어, 일반인들이 제대로 알기 어려운 것이 사실이다.

펀드를 종류별로 분류를 해보면, 주식형 펀드(성장형, 가치형, 배당형, 섹타형, 중소형주형), 채권형펀드(국공채형, MMF형, 회사채형), 실물형펀드(금펀드, 석유펀드, 곡물펀드) 등이 있다. 이를 다시 국내형, 해외형, 이머징마켓형, 유럽형, 아메리카형으로 나누다 보면 분류 방법만 수십가지에 이를수가 있다. 우리나라에 판매되는 펀드는 1만여개로 어떤 것을 선택해야 할지 고민스러울 수 밖에 없으므로 투자전문가의 도움을 받아 여러 가지 유형으로 분산해서 투자하는 것이 좋다.

Q 펀드가입은 어디가서 어떻게 가입하는 것이 좋은가?

A 펀드와 관련된 회사는 판매회사, 운용사, 수탁사의 3가지 종류로 나누어진다. 판매사는 은행, 증권, 보험사 등으로 고객을 직접만나 판매하는 회사를 말한다. 운용사는 펀드상품을 만들고, 펀드를 운용하는 회사로 주로 자산운용사를 말한다. 수탁사는 펀드자금을 관리(펀드 입,출금을 관리)하는 회사로 펀드의 주거래은행으로 보면 된다.

펀드를 가입할 때는 가장 먼저 자신의 성향을 체크해서 공격적인 성향인지 보수적인 성향인지를 파악해야 한다. 성향분석이 끝나면 가입할 수 있는 펀드의 범위가 정해지며, 이를 근거로 자신의 성향에 맞는 펀드를 선택한 후 펀드운용에 관련된 설명서를 교부받고, 펀드가입신청서와 고객확인서에 서명해야 한다. 고객확인서는 내용을 들었다는 서명을 하는 것이기 때문에 손실에 대한 부분이나 기타 귀책사유가 고객에게 돌아가는 것을 의미한다는 사실을 기억해야 한다.

A 첫 번째, 투자목적과 기간을 정하고 투자하라. 대부분의 투자자들은 상품부터 선택하려고 하는데 상품 선택 보다 더 중요한 것은 자신의 투자 목적과 기간을 정하는 것이다. 예를 들어 펀드에 가입하는 목적이 어린 자녀의 학자금 마련이라면 장기 투자를 해야 한다. 노후 생활 자금도 마찬가지다. 지금 당장 필요한 돈이 아니라 먼 훗날 필요한 돈을 마련하는 경우에는 장기적 관점에서 접근할 필요가 있다.

두 번째, 유형을 분산하는 것이 중요하다. 아무리 주식시장이 좋더라도 한곳에 몰빵식의 투자는 곤란하다. 따라서 주식형, 채권형, 실물형으로 분산하고, 주식형의 경우도 가치형, 배당형, 성장형, 섹타형 등으로 분산하는 것이 필요하다. 유형의 분산을 통해 갑작스럽게 어느 한곳에 발생하는 위험을 피할 수 있기 때문이다.

세 번째, 시간을 분산하고 장기투자하라. 단순히 2년짜리 적금, 3년짜리 적금식으로 가입하지 말고, 3년 이상의 기간을 잡고, 여러번에 걸쳐서 분산투자하는 것이 좋은데 적립식투자를 통해서 매월 불입하는 방식이 효율적인 분산투자효과를 거둘 수 있다.

마지막으로, 지역의 분산을 하는 것이 좋다. 즉, 우리나라에만 투자하지 말고, 해외에도 분산하되 해외의 경우 에너지, 원자재, 이머징마켓 등으로 분산하는 것이 좋다. 상당수의 사람들이 경험했듯 일부 펀드에 몰빵식 투자를 하는 식으로 한곳에 투자했다가 손해가 커지는 것을 볼 수 있다.

펀드를 선택할 때 고려해야 하는 것 중에 스타일을 고려하는 얘기도 있던데?

A 펀드를 선택할 때는 '최근 몇 개월간 특정스타일의 펀드가 높은 수익률을 냈다고 해서 향후에도 그럴 것이다'라는 생각을 해서 않된다. 올해도 지속적으로 높은 수익을 낸다는 보장이 없기 때문이다. 따라서 펀드를 선택할 때는 같은 스타일의 펀드에 중복 투자하는 것 보다 서로 다른 스타일의 펀드를 선택하여 분산투자하는 것이 중요하다는 것이다.

펀드는 주식과 채권의 비중에 따라 주식형, 혼합형, 안정형, 채권형으로 구분하고, 주식형 펀드 중 펀드가 어떤 종목에 편입하느냐에 따라 펀드스타일이 대형주 펀드, 중소형주 펀드, 성장주 펀드, 가치주펀드로 분류할 수 있다. 또한 펀드 목표수익률을 너무 높게 잡아서는 안되며, '은행금리+α' 정도의 수익률을 기대하는 것이 좋다.

Q 펀드가입시 수수료도 중요한데, 수수료를 적게 내는 방법은 있나?

A 우리나라의 경우 펀드의 수수료가 너무 비싼 편이다. 매년 연 2.4%수준의 수수료를 내야 하니 은행이자수준을 받으려면 최소한 수익률이 7.4%이상은 되어야 한다는 계산이 나온다. 펀드수수료 구조를 보면, 판매보수 1.5~1.7%, 운용보수 0.7~0.8%, 신탁보수 등 사무관리보수 0.04%로 구성된다.

일반적으로 선취수수료를 받는 펀드에 가입하는 것이 중장기적으로 선취수수료는 없지만 보수가 높은 펀드에 비해 수수료를 적게 낼 수 있다 근본적으로 수수료를 줄이고 싶다면 상장지수펀드에 가입하면 된다.

9) 해외 펀드 투자 방법

Q 2000년 대 중반 BRICs 국가를 기준으로 해외 펀드 수익이 크게 상승하면서 해외펀드에 대한 관심이 높아졌는데, 해외펀드 투자에 대해서 알려준다면?

A 해외펀드란, 한마디로 해외에 있는 주식이나 채권, 실물 등에 투자하는 펀드를 말하는데, 일정 기간의 경우 국내주식형펀드보다 수익률이 높게 나타났으며, 해외펀드 중 역내펀드의 경우 주식 양도. 평가차익에 대해 한시적으로 비과세 혜택을 주면서 이에 대한 관심이 높아졌다.

다만, 전 세계 경기가 침체되면서 해외펀드에 가입한 투자자의 손실이 크게 나타났고, 역내펀드에 세제혜택이 끝나면서, 해외펀드 투자의 실효성에 대한 논란이 있다. 최근 중국 펀드의 수익률이 회복되고, 러시아, 브라질펀드가 상승을 보이면서 다시 해외 펀드에 대한 관심이 높아지고 있다.

Q 해외주식에 투자를 하다보니 투자할 때 이면에 숨겨져 있는 것을 잘 살펴보는 것이 필요할 것 같은데?

A 해외펀드는 크게 3종류로 나눌 수 있다. 역내펀드, 역외펀드, 펀드오브펀드다. 역내펀드는 쉽게 말해서 국내운용사가 투자자의 펀드를 모아서 해외 시장에 직접 투자하는 방식이다. 2009년 말까지는 주식 양도, 평가차익에 대해서는 비과세 혜택을 받았지만, 2010년 이후 이 혜택은 폐지됐다.

역외펀드는 외국자산운용사가 조세회피지역에 있는 국가에 펀드를 설립해 국내외에서 모은 자금을 세계 각국에 투자해 운영하는 펀드다. 해외에서 만들어져 국내에 수입된 펀드라고 생각하면 된다.

펀드오브펀드는 여러 개의 채권형 펀드 또는 주식형 펀드를 하나의 펀드로 만든 상품이다. 보통은 일정 규모 이상의 펀드를 조성한 후 다시 세계적인 펀드에 투자하는 간접투자라고 이해하면 된다.

국내펀드는 원화로 가입을 하지만, 해외펀드의 경우 환율과 관련이 있어 고려해야 할 변수가 많다. 또한 신흥 주식시장의 경우 규모도 작고, 언제 주가가 하락할지 예측할 수 없다는 점 또한 어려운 문제다. 펀드운용사에 모든 것을 일임하면 마음은 편하겠지만, 원금의 손해는 펀드운용사가 절대로 책임지지 않으므로 해외펀드는 국내주식형펀드보다 투자에 더 신중을 기해야 한다.

Q 해외펀드를 가입할 때 주의해야 할 점은 무엇인가?

A 첫째, 환율에 신경쓰는 투자를 해야 한다. 해외펀드는 투자자가 원화로 투자

하지만 자산 운용회사들은 돈을 달러로 바꾼 후, 이를 다시 투자 대상국의 통화로 환전하여 해당국 주식에 투자를 한다. 이렇다 보니 투자자는 해당국 주식 수익률뿐만 아니라 환율 변동에 따라 손실이 확대 될 수도, 이익이 커질 수도 있는 구조가 된다. 따라서 변동성이 싫을 경우 환헤지 등을 적절히 활용하는 것이 가장 좋은 방법이라 할 수 있다.

둘째, 최소 3~5년의 장기투자를 해야 한다. 해외펀드는 국내펀드와 마찬가지로 장기상품이다. 최소한 3~5년 정도는 가지고 있어야 수익을 낼 수 있다는 여유있는 마인드가 필요하다. 해외펀드 상품의 성향을 잘 파악해서, 안정적으로 투자를 할 것인지 공격적으로 투자를 할 것인지 정해야 한다.

Q 해외 펀드에 투자를 하는 것은 결국 분산의 효과를 높인다는 것인데, 포트폴리오는 어떤 식으로 조정해야 하나?

A 첫째, 중복되거나 유사한 지역의 펀드를 조정할 때는 벤치마크를 확인해야 한다. 이를 위해서 동일한 국가펀드나 유사한 지역펀드들 간에도 어떤 유사점과 차이점이 있는지를 확인해 구조조정 대상 펀드를 결정해야 한다.

이 경우 투자설명서나 운용보고서 등을 통해 펀드의 벤치마크를 확인하는 것이 효과적이다. 벤치마크는 펀드의 운용목적을 내포하는 동시에 운용성과를 측정하는 기준 지수가 되기 때문이다. 유사한 벤치마크를 사용할 경우엔 벤치마크 대비 초과수익률을 비교해 선별해야 한다.

둘째, 되도록 상관관계 높은 펀드는 상관관계가 낮은 펀드로 전환해야 한다. 글로벌 증시는 동일하게 움직인다기 보다 각자 속해있는 지역적 기반에 따라서 차별화된 움직임을 보이는 경우가 많다. 따라서 상관관계가 높은 국가들과 지역, 섹터펀드들을 확인하고 이를 상관관계가 낮게 전환하는 것이 효과적이다. 과거 주간수익률의 분산관계를 조사한 결과에 따르면, 이머징주식펀드-브릭스펀드, 브릭스펀드-동남아시아펀드 유형 등 서로 다른 지역에 투자하는 투자펀드들 간에도 지역적인 분산효과가 낮았으니 참고하기 바란다.

셋째, 안정성향이라면 글로벌 자산배분 · 멀티에셋 펀드로 자산분산하는 것이 좋다. 해외주식형 내에서 다양한 지역펀드에 투자하는 전략보다는 글로벌 자산배분펀드나 멀티에셋펀드, 혼합형 펀드 등을 활용해 안정적인 성과를 추구한다면 안정적인 수익률 달성에 도움이 될 것이다.

10) 공모주 투자

Q 직접 투자를 시작하고자 할 때, 안정적으로 시작하기 위해서는 공모주에 투자하라는 조언을 하는데?

A 주식시장이 상승하는 시점에는 기업 공개를 통한 공모주 발행이 활성화되고,

이 때 신규상장종목들의 평균수익률은 종합주가지수 대비 높은 수익률을 올리는 것이 일반적이다. 특히 글로벌 금융위기로 증시가 폭락하면서 상장을 미뤘던 회사들이 증시 회복의 물결을 타고 상장을 시작하면서 공모주 시장에 다시 활기가 돌고 있다.

Q 공모주에 청약하려면 어떻게 해야 하나?

A 일반인이 공모주에 청약하려면 증권사 지점이나 증권사 홈페이지에서 청약 신청을 하면 되는데, 청약시 청약금액의 절반을 증거금으로 내야 한다. 청약 경쟁률에 따라 공모주 물량 배정이 확정되는데, 청약 경쟁률이 낮을수록 많은 물량을 할당받을 수 있고, 청약을 받지 못한 경우는 상장 후 증시에서 주식을 사는 방식을 택해야만 된다.

하지만 막연한 기대감으로 덤벼들었다가는 오히려 큰 손실을 볼 수도 있다. 기업 기초체력에 비해 공모주의 가격에 거품이 끼어서 주가가 높게 형성된 경우 조정을 받을 수도 있기 때문이다. 따라서 매출액·이익성장률을 통해 성장성을 살피고, 영업이익률을 통해 수익성을 검토하는 절차를 거쳐야 한다. 매출액의 경우 보통 과거 3년치 기록을 살펴 성장 여부를 확인해야 한다.

Q 공모주가 인기를 끌고 있지만, 개인들은 직접 투자해봤자 경쟁률이 높아 큰 재미를 보기는 쉽지 않다. 이 때문에 공모주 펀드로 관심을 돌리는 투자자가 있는데?

🅐 공모주펀드는 BBB+ 이상의 채권에 주로 투자하되 자산의 30% 이하를 공모주 등에 투자하는 펀드를 말한다. 대부분 공모주 비중이 작고 대부분 채권으로 운용되기 때문에 높은 수익률을 기대하기는 어렵다. 심지어 공모주 주가는 고공행진을 하고 있지만, 공모주에 투자하는 펀드 수익률은 국내 혼합형 펀드보다도 못하는 경우까지 있다.

따라서 공모주펀드는 어떤 공모주를 편입하는지가 핵심이며, 공모주 펀드에 편입된 주식의 비중이 다르고 종목이 달라 수익률이 크게 차이가 나고 있다. 상황이 이렇다 보니 공모주 랩이 대안으로 거론되기도 한다.

🅠 공모주펀드는 이해가 좀 갈듯한데 공모주 랩은 뭔가? 공모주 펀드와 비교해서 알기 쉽게 설명을 한다면?

🅐 공모주 랩은 평소에는 안전자산인 환매조건부채권(RP)으로 운용하다가 가입한 증권회사가 기업공개(IPO) 주관사 혹은 인수사로 참여한 공모주식에 투자해서 이익을 실현하면 이를 다시 환매조건부채권(RP)으로 투자하는 과정을 반복해서 수익을 내는 금융상품인데, 해당 증권사가 공모 주관사로 참여하는 경우 일정부분의 물량을 안정적으로 확보할 수 있기 때문에 시장이 좋아질 경우 높은 수익률을 나타낼 수 있다.

최근 출시된 공모주랩의 경우 계약기간을 1년으로 하되 목표수익률 10%를 달성할 경우 자동 해지된다. 일반 청약자들에게 배정하는 공모 물량 중 25%를 우선 배정 받음으로써 일반 청약자의 공모주 청약률과 관계없이 안정적으로 공모주 배정을 받을 수 있고, 의무보유기간의 제한을 받지 않는 점이 이 상품의 특징이다. 다만, 공모주 랩은 주관증권사의 모든 공모주에 투자하게 돼 공모주 시장이 안 좋으면 랩 수익도 나쁠 수 있다는 점은 참고해야 할 부분이다.

최근 판매되고 있는 공모주펀드와 공모주랩의 특징은 다음과 같다.

구분	공모주 랩	공모주 펀드
계약기간	1년	제한없음
가입금액	1인낭 2천만원 ~ 2억원	제한없음
상품내용	RP→ IPO 주관사 참여 공모주투자 이익시현후→RP 과정반복. 목표수익률 10% 달성시 자동 해지. 공모물량 중 25% 우선배정, 의무보유기간×	BBB+ 이상의 채권에 주로 투자하되 자산의 30% 이하를 공모주 등 투자. 채권혼합형펀드로는 장기투자에 유리
특징	주관 공모주 25% 우선배정 주가상승시 수익↑, 하락시 손실큼	3년간 매년 판매보수 10% 인하 수익률은 높지않으나
보수	1.5% 선취	1.38%(C클래스)
환매수수료	없음	30일미만 이익금의 70% 30~90일 미만 이익금의 50%

Q 가장 좋은 것은 공모주에 청약해서 물량을 배정받고 주가가 오르면 파는 상황이지 않나?

A 언뜻 생각해보면 그렇다. 공모주 투자는 높은 고수익이 매력적이다. 시초가가 공모가보다 훨씬 높게 형성되는 점이 바로 그 점이다. 다만, 개인이 직접 청약시 높은 경쟁률 때문에 적은 수량의 주식밖에 배정받지 못할뿐더러, 고객이 직접 증권사마다 찾아다니면서 청약 및 환불, 매도시기를 결정해야 하는 것이 단점이다. 또한 신규 상장된 종목이 하락하여 '시초가는 공모가의 두 배'라는 최근의 공식도 깨지고 있으니, 개인들의 경우는 공모주펀드나 공모주랩에 투자하는 편이 유리하다.

다만, 보수적인 투자자라면 공모주펀드에 투자하는 것이 좋고, 공격적인 투자자라면 공모주랩에 투자하는 것이 좋다는 점을 기억할 필요가 있다.

11) 랩 어카운트

Q 랩 어카운트란?

A '랩 어카운트(Wrap Account)'란 고객이 맡긴 돈을 자산관리전문가가 투자자 성향과 시장 상황에 맞게 주식 펀드 채권 등에 알아서 분산투자해 주는 상품이다. 이와 같은 랩 서비스는 과거 최소 가입금액이 1억원으로 고액자산가 위주로 이뤄졌으나, 최근에는 최소 가입금액이 1,000만원 안팎의 상품이 속속 등장해 목돈이 아니어도 투자가 가능해졌다. 매일 10만원이상 적립식으로

넣으면 되는 상품도 있다.

Q 랩 어카운트라는 말이 좀 생소하다. 쉽게 설명을 한다면?

A 랩 어카운트는 종합자산관리계좌로도 불리는데 주식 · 채권 · 펀드 등 여러 금융상품 중에서 투자자의 기호에 맞는 상품을 선택해 하나의 계좌로 '싸서 (wrap)' 전문가(랩 매니저)가 운용한다. 투자 대상은 펀드와 같지만, 투자자의 의사에 따라 맞춤형 포트폴리오를 구성해준다는 점에서 '개인펀드'로 보면 된다. 쉽게 설명하자면 맡긴 자산을 기준으로 일정률의 보수(fee)만 내고 자산 운용, 자산 배분, 지속적인 투자 평가 및 결과 보고, 주문 집행 및 결제 등의 업무를 일괄 서비스 받을 수 있다.

고객이 랩 계좌를 개설한 후 본인의 돈을 증권사에 맡기면 관련 매니저가 알아서 여기저기 투자해가면서 자산을 불려주는 시스템을 생각하면 된다.

기본적으로 랩 어카운트는 일임계약이다. 즉, 재산의 운용에 관한 권한을 증권사에 모두 일임시킨다는 얘기다. 자신의 일에만 전념하고 돈 관리는 골치 아프게 신경쓰지 말고 증권사에 위탁하라는 뜻이다. 물론 각종의 랩 유형을 선택할 수 있는 권리는 고객에 있고, 증권사 FP는 이러한 선택의 시점에 고객에게 조언을 해 주는 역할을 주로 한다.

Q 랩 어카운트의 장점은?

Ⓐ 랩 어카운트는 개별 고객의 의견이 그때 그때 반영되므로 직접투자와 펀드의 중간형이라고 보면 된다. 주식형 펀드와 달리 자산 편입에 제한이 없어 주식 비율을 탄력적으로 조정할 수 있는 것이 장점이다. 주식형 펀드는 주가가 떨어져도 주식을 마냥 갖고 있지만 랩 어카운트는 고객 성향에 따라 편입 비율을 조정하기 때문에, 특히 주가가 하락시에 안정적인 투자 포트폴리오로의 전환이 가능하다.

Ⓠ 랩 어카운트의 종류가 다양하다고 하던데?

Ⓐ 투자하는 대상에 따라 주식에 투자하는 주식형 랩, 채권에 투자하는 채권형 랩이 있으며 최근에는 여러 펀드에 나눠 투자하는 펀드 랩이 주종을 이루고 있다. 또 서비스의 범위에 따라 자문형, 일임형으로 구분하며, 자문형 랩어카운트는 자산 관리에 대한 상담 서비스를 제공하고 보수를 받는 형태이다. 즉, 단순히 투자 자문에 그치는 형태로 실제 주문은 고객이 직접 해야 하기 때문에 다소 불편하다.

일임형 랩 어카운트는 증권사가 자산을 맡아 고객 대신 운용하고 보수를 받는 형태로 증권사의 자산 운용 능력에 따라 수익률이 결정되며, 유가증권 외에 부동산이나 실물자산 등에도 투자 가능하다. 최근의 랩 어카운트는 일임형이 대세를 이루고 있다.

Ⓠ 랩 어카운트가 최근에 투자 대상이 다양해지고 있다고 하던데?

🅐 과거에는 개별 주식을 선별해서 담는 방식이 유일했지만 주식형 펀드를 담거나 상장지수펀드(ETF)에 투자하는 상품도 나와있다. 또한 한·중·일 3개국 증시에 투자할 수 있는 랩이나 기대수익률이 높은 기간에만 주식 ETF에 투자하는 랩 등 다양한 랩이 나와 있으니 자신에게 맞는 투자자산을 가지는 랩을 선택하는 것이 중요하다.

🅠 랩 어카운트를 선택할 때 주의할 점은?

🅐 첫째, 증권사와 운용역의 운용 능력을 꼼꼼히 살펴야 한다. 랩어카운트는 고객 개별 계좌 단위로 운영되기 때문에 펀드와 달리 성과가 외부에 공개되지 않기 때문이다. 주식형 랩의 경우 편입종목이 적어 변동성이 상대적으로 크고, 자산 관리 전문가에 따라 수익률 차이가 크다.

둘째, 계좌 수가 많고 설정 규모가 큰 랩어카운트를 고르는 게 안전하다. 오랫동안 운영되면서 꾸준히 신규 가입 고객이 들어온다는 건 성과도 괜찮다는 의미이기 때문이다.

셋째, 수수료 문제도 따져봐야 한다. 분산투자하는 펀드랩의 경우 각 펀드별로 운용보수·비용을 지불해야 하는데다 별도의 랩 수수료(연2~3%)도 내야 한다. 다만 랩 수수료는 투자원금에서 지불되는 게 아니라 운용성과가 반영된 투자 잔액을 기준으로 하기 때문에 실제 내는 금액은 일정치 않다. 상품 선택 후에는 원금손실 가능성을 늘 염두에 두고 운용성과에 꾸준히 관심을 가져야 한다.

12) 인덱스 펀드

Q 주가가 오르는 시점에는 '나도 한번 주식투자를 해볼까' 하는 투자자들이 늘어나는 것이 사실이다. 하지만 일반적으로 어떤 기업에 투자해야 할 지 몰라서 직접투자를 망설이고, 펀드투자도 과도한 수수료 때문에 고민하는 경우가 많은데, 이럴때에는 어디에 투자를 해야하나?

A 주가 상승세가 지속되는 경우에 관심을 받는 펀드 중 하나가 바로 인덱스 펀드이다. 주가지수 인덱스투자 펀드는 주가지수가 하락하는 만큼 수익률이 하락하지만, 상승시에는 상승하는 만큼 수익률을 높일 수 있기 때문에 향후 주가상승에 대한 기대감이 클수록 투자대상이 되는 펀드다.

인덱스펀드는 특정기업의 주식을 투자대상으로 하는 종목투자가 아닌 대표기업들의 주가지수를 투자대상으로 하기 때문에 어떤 기업의 주식을 투자 대상으로 할 것인지를 걱정할 필요가 없다. 이러한 이유로 투자경험이 없는 투자자들도 손쉽게 주가지수만 보고 펀드 투자를 선택할 수 있는 것이다.

Q 인덱스펀드의 장점을 구체적으로 말씀해주신다면?

A 첫째, 예측가능성이 상대적으로 높아 투자관리가 용이하다. 인덱스 펀드는 말 그대로 지수에 투자하는 펀드라서 지수만 예측을 하면 되기 때문에 상대적으로 투자관리가 쉽다는 장점이 있다. 일반 투자자들은 주가가 큰 폭으로

하락하여 장래 상승을 기대할 수 있을 때, 어떤 업종이 상승할 것인지 어떤 기업의 주가들이 상승할 것인지 예측하기가 쉽지 않은 게 현실이다.

둘째, 운용수수료 부담이 적고 운용방식이 투명하다. 인덱스 펀드는 투자대상 종목을 선정하여, 해당 기업을 일일이 방문 조사하는 것이 아니라, 대표주식이나 특정업종의 지수에 투자하기 때문에 운용측면에서 투자 및 관리가 수월해 운용수수료나 판매수수료도 일반펀드보다 1%정도 낮은 것이 일반적이다. 그만큼 실질수익률을 높일 수 있는 상품이다.

장기로 투자를 해 나간다고 가정할 경우 일반 주식형 펀드와의 수수료 차이는 적지 않은 금액이 된다. 또한 인덱스 펀드는 지수에 투자하는 펀드로서 객관적인 주가현황이나 자료를 가지고 투자하는 상품이므로 투자기준이 미리 정해져 있고 그 지수의 등락폭을 보면 바로 투자펀드의 수익률을 예측할 수 있다는 점에서 운용 방식이 투명하고 객관적이다.

Q 인덱스펀드도 여러 가지로 알고 있는데, 어디에 투자해야 하나?

A 인덱스 펀드는 종합주가지수의 움직임을 이용하는 코스피 200지수 투자 인덱스 펀드가 있는가 하면, 향후 회복 또는 성장가능성이 높은 특정 업종에만 투자하는 인덱스 펀드도 있다.

즉, 특정업종에 대한 전망이 어렵다고 판단될 때에는 종합주가지수에 따라 수익률이 변화하는 KOSPI 200 인덱스 펀드를 선택하여 최소한 주가가 상승하는 수준 정도의 수익을 얻을 수 있다.

일례로 2007년에 중국관련 주식들이 70~80% 상승세를 보임으로써 철강이나 조선 등 중국관련 종목에 투자된 펀드는 70%대의 수익을 실현했지만 IT나 금융주의 투자비중이 높았던 일반 펀드들은 대부분 10%대의 수익밖에 실현하지 못했던 적이 있었다. 하지만 코스피 200지수에 투자한 인덱스펀드는 40~50%대의 수익률을 대부분 실현함으로써 상대적으로 안정적인 수익을 실현해 나갈 수 있었다.

이처럼 주가가 상승한다 하더라도 모든 종목이 동일하게 회복되는 것이 아니므로 이러한 위험을 피하기 위해 업종대표주에 투자하는 인덱스펀드에 투자하면 투자위험을 상대적으로 낮출 수 있다.

Q 인덱스펀드도 종류에 따라 수익차이가 많이 나는 것 같다?

A 인덱스펀드가 다 똑같지는 않다. 펀드 나름의 운용구조나 성과를 따져보고 선택해야 하는데, 인덱스 펀드는 펀드의 운용전략에 따라 성과에서도 많은 차이가 있다. 단순 인덱스펀드는 주가지수와 거의 동일하게 움직이지만 선물을 이용한 초과 수익추구형 인덱스펀드는 무위험 차익거래와 주식대차, 매수청구권 등을 이용하여 시장 상승폭보다 3~4%정도의 추가수익을 기대할 수 있다.

이러한 펀드는 투자가능사금의 10%이상의 선물 등에 투자하기 때문에 파생형 인덱스 펀드라고 하는데 단순 인덱스 펀드에 비해 위험도가 높은 대신 상대적으로 높은 수익률을 추구할수 있다는 점에서 단순인덱스 펀드보다는 파생형 인덱스 펀드에 투자하는 것이 그 동안의 운용성과를 고려할 때 유리하다고 할 수 있다.

Ⓠ 인덱스 펀드를 선택하는 것은 비용을 절약하기 위해서가 많은데, 한 푼이라도 펀드 관련 비용을 아낄 수 있는 방법은 없을까?

Ⓐ 투자 기산이 짧거나 목표 수익률을 정해 놓고 투자할 경우에는 환매수수료가 없는 펀드를 골라야 한다. 대부분의 펀드는 가입한 지 얼마 지나지 않아 환매할 경우 수수료를 부과하는 경우가 대부분이다. 환매수수료는 30일 미만 환매시 이익금의 70%, 30~90일 미만 환매시 이익금의 30% 정도를 물리는 게 일반적인데, 이 기준대로라면 1,000만원을 투자해 보름 만에 10%의 수익이 발생해 환매한다면 이익금(100만원)의 70%를 환매수수료로 내야 하므로 10% 수익을 내고도 실제로 가져가는 돈은 투자금액의 3%인 30만원에 불과해진다.

Ⓠ 펀드수수료를 먼저 내거나 나중에 내는 것에 따라 비용이 달라진다고도 하던데?

Ⓐ 투자기간에 따라 선취형, 일반형 가입 여부 따지면 비용을 줄일 수 있다. 개인 투자자들이 가입하는 펀드는 보통 판매수수료를 먼저 떼는 선취형

(ClassA)과 펀드 운영과 관련한 보수가 높은 일반형(ClassC), 인터넷전용인 ClassC-e로 구분된다. 총비용(수수료+보수)을 살펴보면 대개 '선취형-일반형-ClassC-e' 순으로 비용이 높게 발생한다. 하지만 선취형과 일반형의 총비용이 같은 펀드도 적지 않은데 결론적으로 말하면 1년 이상 투자시엔 선취형이, 그보다 짧게 투자한다면 일반형이 유리하다.

Q 인터넷으로 가입할 때 Class C-e인지를 확인할 수 있나?

A 인터넷 전용 펀드를 뜻하는 ClassC-e는 판매직원을 거치지 않기 때문에 수수료가 가장 낮다. 일반형(ClassC)과 ClassC-e는 단지 판매보수에서만 차이가 날 뿐, 똑같은 펀드이므로 둘 중 선택이 가능할 땐 ClassC-e에 가입하는 편이 수수료적인 측면에서 유리하다.

흔히 인터넷에서 펀드에 가입하면 당연히 ClassC-e로 가입되는 줄로 아는데, 실제로는 그렇지 않기 때문에, 인터넷전용 ClassC-e형인지 살피고 가입해야 한다.

13) 원자재 펀드

Q 투자 자산이 다양해 지면서 원자재에 투자하는 펀드가 있는데, 정확히 어떠한 원자재에 투자하나?

A 우선 원자재(Commodity)란 원유와 같은 에너지, 금이나 은과 같은 귀금속, 설탕, 옥수수 같은 곡물 등 다양한 자산을 의미하는데, 이러한 투자자산에 투자하는 펀드가 원자재 펀드이다. 원자재펀드는 보관이나 운송, 유동성 문제 등이 있어서 현실적으로 실물자산에 직접 투자하는 것은 거의 불가능 하므로 원자재 지수를 쫓아가는 인덱스 펀드나 실물자산 관련 기업의 주식에 투자하는 주식형 펀드로 구성된다. 이외에도 원자재지수를 기초자산으로 하는 파생형 펀드와 파생연계증권 등도 있다.

Q 원자재 펀드가 인기가 있는 이유는?

A 일반적으로 경제적인 불확실성이 높을 경우 인플레이션에 대한 우려가 높아지는데, 이러한 시기에는 실물자산의 가격이 높아지게 되며, 이러한 가격 상승은 원자재 펀드의 수익률에 영향을 미치게 되므로 최근 원자재 펀드가 인기가 높다.

Q 원자재 펀드의 운용 스타일은 어떤 것들이 있나?

A 현재 원자재 펀드의 운용스타일은 실물자산 관련 기업의 주식에 투자하는 투자 유형이 70% 정도이며, 이러한 펀드의 경우 수익의 원천은 해당 기업의 실적이다. 이 펀드의 장점은 기업의 마진이나 부가가치의 증대로 원자재 가격 상승 이상의 수익도 가능하다는 점과 원자재 가격이 조정을 보일 경우에도 해당 기업의 주가는 오를 수 있다는 점이다. 다만, 원자재 가격의 상승이 해당 기업 주가상승으로 연결되지 않을 수도 있으며, 시차 또한 발생할 수 있다는 것이 단점이다.

파생형은 원자제 펀드의 30% 정도를 차지하고 있는데, 운용전략에 따라 세분화 시키면, 인덱스를 추적하는 인덱스 파생, 스왑거래, 선물거래 등 각 펀드별로 현물가격의 수익률과 최대한 유사한 성과를 달성하기 위해 다양한 운용전략을 구사하고 있다.

파생형펀드의 장점은 원자재의 가격 변동이 펀드 기준가에 즉각 반영되며, 주식시장과 상관관계가 낮으므로 위험을 분산시키는 포트폴리오의 구성이 가능하다는 점이다. 반면, 원자재 가격이 지속적으로 상승해야 수익이 발생된다는 점은 단점으로 볼수 있다. 이 외에도 재간접형과 ETF 투자유형도 있지만 전체 원자재 관련 운용에 1.2%와 0.2%로 미미한 비중을 차지하고 있다.

Q 개인들이 원자재 펀드를 포함하여 투자 포트폴리오를 구성할 때 주의할 사항은?

A 첫째, 원자재펀드와 자원부국펀드로 분산하라. 원자재 시장의 강세가 지속되고, 또 중장기적으로 추가적인 상승요인이 큰 점을 감안하면 비중을 확대할 필요가 있다. 다만, 원자재에 투자할 수 있는 방법이 국내에 출시된 원자재관련 펀드 등에 투자하는 것이 전부인 상황이고 종류와 수가 많지않으므로 원자재 펀드와 더불어 자원부국에 분산투자하는 것이 좋다. 자원부국은 원자재 수출 비중이 높고, 주가지수내에 원자재 관련 섹터의 비중이 높아 원자재가격 상승의 수혜를 받을 수 있다. BRICs 국가 중 대표적인 자원 부국은 브라질과 러시아이다.

둘째, 개인의 포트폴리오 관점에서는 원사재펀드의 비중을 10% 수준으로 제한하라. 또한 원자재 가격이 추가로 오를 여지가 있기는 하지만 원자재 지수를 추종하는 펀드는 이미 많이 오른 상태이므로 원자재 펀드만을 주력으로 삼기 보다는 관련 기업에 투자하는 펀드를 선택하는 것이 안정적이다.

14) 주식워런트 증권

Q 주식 시장이 내릴 것으로 예측될 때 주식형 펀드나 직접 종목의 경우 매도 이외에는 답이 없다. 이런 베어마켓 랠리에서도 수익을 낼 수 있어 투자자들이 많이 찾는 상품 중에 주식워런트증권(ELW)이 있는데?

A 주식워런트증권(ELW)는 주식 및 주가지수 등의 기초자산을 사전에 정해놓은 미래의 시점에 미리 약정된 가격에 사거나(콜) 팔(풋)수 있는 권리를 나타내는 증권을 말한다. 다시 말해 특정 종목의 주가 상승이 예상될 경우, 해당 종목의 주식을 모두사지 않더라도 일부 자금만 투자해 주식으로 바꿀 수 있는 권리만 산 뒤, 차익을 올릴 수 있는 것을 말한다. 통상 강세장에서는 콜 ELW가 약세장에서는 풋ELW가 많이 발행된다.

Q 쉽지 않은데, ELW를 예를 들어서 설명을 한다면?

A A사의 현재 주가가 5만 원인 상황에서 어떤 사람이 A사의 주식을 1년 뒤에 5만 5000원에 살 수 있는 ELW를 2,000원에 샀다고 가정해보자. 1년이 지났을 때 주가가 6만 원까지 오를 경우, 주식을 산 사람은 ELW의 권리를 행사해 5만 5000원에 주식을 사서, 현재의 시세인 6만 원에 팔 수 있다. 이때 투자자는 1년 전에 ELW를 산 가격 2,000원을 빼더라도 3,000원의 투자 수익을 올릴 수 있다.

반대의 경우는 1년이 지난 시점에 주가가 5만 5,000원 이하라면, 행사할 수 있는 권리를 포기해 자신이 투자한 2,000원만큼 손해를 보게 된다. 즉, 전액 손해를 본다는 얘기가 된다. 다만, 만기 전이라도 자신이 투자한 2,000원보다 올랐을 경우, 즉 주가가 5만 7000원 이상 오른다면 언제든지 팔아서 시세차익을 올릴 수도 있다.

Q 주식워런트증권(ELW)이 갑자기 인기를 끄는 이유는?

A ELW시장이 급속히 성장하고 있는 가장 큰 이유는 ELW의 높은 수익성 때문이다. ELW의 가장 큰 특징은 적은 금액을 투자해 큰 수익을 올릴 수 있는 레버리지 효과를 가지고 있다는 것이다. 즉, 주식을 직접 살 때보다 현금 지출이 적고, 만약 주식이 예상하는 방향으로 움직인다면 레버리지 효과로 인해 주식보다 높은 수익률을 올릴 수 있다는 점에서 ELW가 주식투자의 대안으로 주목받는 것이다.

Q 그렇다면 주식거래와 어떻게 다른가?

A 주식거래와 주식워런트증권(ELW)를 비교해서 설명하면, 다음과 같다.

ELW	주식
적은 금액으로 큰 수익/ 손실	레버리지 없음
기초자산 가격 하락시 프리미엄으로 손실제한	주식가격 하락시 손실제한 없음
시간이 지남에 따라 가치소멸	시간가치 소멸 없음
만기 존재	만기 없음
기초자산가격 등의 변화에 따라 옵션가격결정 모델에 의해 가격결정	시장의 수급에 따라 가격결정

Q 고수익이란 말에 솔깃해지는데, 결국 고수익에는 고위험이 따르지 않겠나? 투자자들이 꼭 알아둬야 할 ELW의 위험에는 어떤 것들이 있나?

A ELW는 위험선호형, 고수익 고위험 상품으로 그 어떤 투자 상품보다 위험이 크다. ELW 투자 시에는 우선 겁부터 먹어야 한다. 수익률이 높은 만큼 위험도 크다는 사실을 알고 ELW에 접근해야 하는 것이다.

우선, ELW는 어려운 상품이므로 구조에 대해 충분히 이해해야 한다. 주식이 위냐 아래냐를 따지는 1차원적인 상품이라면 ELW는 위, 아래뿐 아니라 변동성과 만기 등이 포함된 3차원적 상품이라 할 수 있다. 레버리지 효과를 이용해 적은 투자금액으로 고수익을 달성할 수 있지만, 시장상황이 돌변할 경우 주가의 변동폭보다 더 큰 폭으로 가치가 떨어질 수 있다.

둘째, ELW의 가치가 비록 회사의 주식가격에 따라 결정되지만 ELW 보유자는 회사와 직접적인 이해관계가 없다. 따라서 의결권, 배당청구권 등 주주로서의 어떤 권리도 행사할 수 없다.

아울러 유동성공급물량 전부 매출로 인한 가격왜곡, 유동성공급 금지기간 동안 가격왜곡 등이 발생할 수 있으며 유동성공급자의 헤지 활동에 따라 호가 변동이 발생한다는 사실도 꼭 알아야 할 점이다.

Q 주의해야 할 점이 많은 것 같다. ELW 시장이 계속 확대되고 있다는 건 '투자할만하다'는 것인데, 성공적인 투자전략을 소개해준다면?

A ELW의 성공적인 투자를 위해서는 전략을 잘 세워야 한다. 수익률 대박 상품만 보고 덜컥 ELW 투자를 하는 것은 너무 위험하기 때문이다. 그러나 위험한 상품이라도 잘만 활용하면 마이너스 수익을 어느 정도 회복하는 기회가 될 수도 있다.

투자를 하기로 결심했다면 일단 기초자산부터 잘 골라야 한다. 우선 리서치 자료를 기초로 대형우량주를 대상으로 하는 상품이 안전하다.

주식투자를 하는 사람이라면 현재 보유 주식에 대한 위험 헤지용으로 풋 ELW 상품에 가입하는 전략도 있다. 주식에서 손실 볼 가능성을 ELW로 헤지를 하면 위험을 방지하면서 수익도 얻을 수 있다. 풋ELW는 콜과 달리 주가가 하락하면 수익을 낼 수 있는 상품으로 보통 지수를 대상으로 하는 상품이 많다. 이때 기존에 들고 있던 주식 가치가 떨어지더라도 풋ELW는 수익을 올릴 수 있기 때문에 이득을 얻을 수 있다.

다만 최근 증시 변동성이 갑작스럽게 축소되면 ELW 수익률이 낮아질 위험성도 염두에 둘 필요가 있다. 변동성이 축소되면 기초자산 가격 방향과 상관없이 ELW 가격이 하락할 수 있으므로 내재 변동성 추이를 살펴보면서 투자하는 것이 중요하다.

마지막으로 ELW는 아무리 좋은 투자라도 위험성이 있기 때문에 투자하려는 금액의 10% 범위 내에서 투자하는 것이 가장 좋다.

15) 펀드 통장 보는 법

Q 펀드는 실적 배당형 상품이기 때문에 가입자에게 투자의 실적이 귀속되지만, 실제로 투자자가 상품에 가입할 때 제대로 안내를 받지 못하는 경우가 있다. 따라서 투자자 스스로 상품의 내용을 확인하는 것이 필요한데, 그 내용이 일반인이 이해하기에는 쉬운 내용은 아니다.

A 투자형 상품은 통장을 확인하는 것이 무엇보다 중요하다. 다만, 통장에 나와 있는 내용을 보면 어려운 용어가 많아서 펀드 초보자에게는 통장 읽는 법이 만만치 않다. 하지만 간단한 기본 개념 몇 가지만 알아두면 자신의 돈이 펀드에서 어떻게 투자되고 있는지 어렵지 않게 이해할 수 있다.

Q 펀드 통장에서 기본적으로 이해해야하는 용어는?

A '잔고좌수'와 '기준가격'이라는 두 가지 용어를 알아두어야 한다. 10주, 1000주 처럼 주식을 세는 기본 단위가 '주'라면 펀드의 기본단위는 '좌'이다. 즉 총 잔고좌수는 내가 가지고 있는 모든 펀드의 수를 말한다. '기준가격'은 펀드를 사고파는 가격으로 주식으로 치면 주가와 비슷한 개념이다. 통장에선 펀드 1,000좌의 가격을 기준가격으로 표시한다. 기준가격이 1,100원이라면 1좌당 가격은 1.1원이 된다. 평가금액은 투자자가 지금까지 사들인 펀드들의 현재 가치로 펀드 1좌당 가격에 총 좌수를 곱한 수치다.

A 통장 샘플을 가지고 설명하는 것이 가장 이해하기 쉬울 것이다. 김모씨의 통장을 예로 설명한다면, 김씨는 6월20일 적립식 펀드에 30만원을 입금했는데, 입금일 장 종료 후 산출한 펀드의 가격(기준가격)으로 6월21일 펀드를 매수했다. 기준가격이 1,050원이므로 펀드 1좌당 가격은 1.05원이다. 30만원을 들여 1좌당 1.05원하는 펀드를 사면 총 28만 5,714좌(30만원÷1.05원)를 사게 된다.

					○○은행
년월일	적요	입금(출금)액	잔고좌수	평가금액	거래점
펀드명	○○○○○ 주식 ○호				권○○님
운용회사	○○○ 자산운용				적립식
080620	입금	300,000			서소문
080621	매수		285,714	300,000	서소문
	(총잔고좌수 285,714	기준가격: 1050)			
080720	입금	300,000			서소문
080721	매수		294,117	591,427	서소문
	(총잔고좌수 579,831	기준가격: 1020)			
080803	결산원금	579,831	579,831		
080803	재투자	23,193	23,193	603,024	

이제 날마다 변하는 주가흐름에 따라 기준가와 평가금액이 움직이게 된다. 7월21일 다시 30만원을 입금하고 기준가격이 1,020원인 펀드를 29만4,117좌 사들여 총 잔고좌수는 57만9,831좌로 늘었다. 그러나 평가금액은 기준가격이 떨어지면서 총 입금액(60만원)에 못 미치는 59만1,427원을 기록했다. 60만원

을 투자해 8,573원을 까먹었으니 수익률은 −1.4%다.

이 펀드는 지난해 8월3일 설정된 펀드로 해마다 결산을 한다. 펀드결산일인 3일 결산 기준가격은 1,040원이다. 결산 때는 기준가격을 1,000원으로 돌리면서 나머지 40원은 재투자한다. 지금까지 사들인 57만9,831좌를 1좌당 1원으로 다시 설정하고, 남는 금액을 재투자하면 펀드 2만3,193좌를 추가 매입할 수 있다. 결국 총 잔고좌수는 60만3,024좌가 된다. 1좌당 가격은 1원이므로 평가액은 60만3,024원이 돼 3일 현재 수익률은 0.5%가 되는 것이다.

Q 펀드에 가입하고 나면, 3개월마다 자산운용보고서가 오는데, 이 보고서는 어떻게 활용할 수 있나?

A 운용보고서는 펀드의 '성적표'다. 수우미양가(펀드 수익률)를 비롯해 행동발달상황(펀드의 특징, 보유자산 등)이 들어 있다. 그런데도 어려워서 혹은 귀찮아서 무시하기 십상이다. 최소한 운용보고서를 통해 3개월마다 한번은 펀드를 점검해 봐야 한다.

운용보고서는 펀드마다 세부 사항은 다르지만 ▶ 투자신탁(펀드)의 개요 ▶ 투자신탁의 현황 ▶ 자산구성 현황 및 비율 ▶ 자산보유 및 운용현황 ▶ 매매주식총수, 금액, 회전율 ▶ 운용의 개요 및 손익현황 ▶ 운용전문인력현황 ▶ 중개회사별 거래금액, 수수료 및 비중 ▶ 이해관계인과의 거래에 관한 사항 ▶ 의결권공시대상법인에 대한 의결권행사 여부 및 내용 ▶ 공지사항 등 총 11개 항목으로 구성돼 있다.

Q 자산운용보고서에서 꼭 살펴야 할 것은 무엇인가?

A 꼭 살펴야 할 것을 요약하면 다음과 같다.

항 목	유의할 점
투자신탁(투자회사)의 개요	펀드특성과 투자전략이 설명되어 있다. 자신의 투자목적에 맞는지 점검하는 것이 필요하다.
자산보유 및 운용현황	펀드가 사들인 종목을 알수가 있다. 부실기업은 없는지.. 시장주도주를 제때 잘편입했는지 살봐야 한다.
매매주식총수, 금액, 회전율	팔고사기를 얼마나 반복했는지 확인한 수 있다. 대개의 경우 회전율이 높으면 펀드운용비용이 늘어나 손해다.
운용의 개요 및 손익현황	펀드성적표, 기간별 수익률 및 시장평균대비수익율 등의 파악이 가능하다. 특히 수익률 편차를 눈여겨 볼 필요가 있다.
운용전문 인력 현황	펀드매니저와 운용팀의 현황을 파악할 수 있다. 운용인력의 잦은 변동은 펀드의 안정성을 떨어뜨릴 수 있으니, 이를 꼼꼼히 챙겨보자.

'투자신탁의 개요'를 살펴 해당 펀드와 자신의 투자 목적이 맞는지를 따져본다. 안정적인 성향의 투자자라면 주식형이라도 배당주 등의 편입 비중이 높은 펀드를 고르는 편이 낫다. '투자신탁의 현황'에서는 이 펀드의 수탁액이 얼마인지 알 수 있다. 설정된 지 꽤 지났는데도 펀드 수탁고가 별로 늘지 않는다면 그 이유를 따져볼 필요가 있다.

'자산보유 및 운용현황'을 통해선 펀드가 어떤 종목을 사서 수익을 냈는지를 알 수 있다. '매매주식규모 및 회전율'을 보면 주식을 얼마나 자주 사고팔았는지를 알 수 있다. 보통 회전율이 높으면 주식에 대한 거래비용이 발생하므로 펀드 운용비용이 늘어나 손해인 경우가 많다.

가장 핵심으로 불 수 있는 수익률은 '운용의 개요 및 손익 현황'에서 확인할 수 있다. 기간별 운용성과를 보면 해당 펀드의 1개월, 3개월, 6개월, 1년, 설정일 이후 등 수익률이 표시돼 있다. 수익률이 들쭉날쭉하지 않고 안정적인 추이를 나타내고 있는지를 확인해야 한다. 이를 확인할 수 있는 것이 벤치마크수익률이다. 주식형 펀드의 경우 대개 같은 기간 코스피 지수 수익률을 벤치마크로 삼는데, 이보다 펀드 수익률이 높은 추세라면 좋은 펀드일 확률이 높지만, 그렇지 않다면 원인이 무엇인지 점검해봐야 한다.

다만 보고서의 수익률은 과거 결산 시점의 수익률이므로, 최근 수익률을 알고 싶다면 펀드에 가입한 은행, 증권사에 문의하거나 펀드평가회사를 이용해야 한다.

Q 펀드투자자들이 펀드에 가입하기 전에 정보를 수집하는 방법은?

A 가장 손 쉬운 방법은 인터넷 사이트를 활용하는 것이다. 펀드 가입 전 정보 수집을 할 수 있는 곳으로 한국투자자교육재단(www.invedu.or.kr) 홈페이지 빠른 찾기 '펀드투자, 이것은 알고 합시다', 놀부재테크 등에서 볼 수 있다.

또 펀드 보수 · 비용 및 예상비용에 대해서는 금융투자협회 펀드통계(http://stat.fundservice.net)에서 가능하다. '펀드비용계산기'를 이용해 투자자의 투자 예정펀드에 대한 예상수익 · 비용 계산을 할 수 있다. 펀드 가입이후 갑작스러운 펀드환매 연기나 펀드매니저 변경 등 중요사항이 발생했을 때는 금융투자협회 전자공시(http://dis.fundservice.net)란의 회사공시를 통해 검색할 수 있다. 자산운용사가 작성한 분기별 자산운용보고서나 투자자별 펀드잔고 통보를 통해 전체 운용성과와 운용기간 손익, 펀드자산 내역 등을 살펴볼 수 있고 개별 수익률도 확인할 수 있다.

16) 아이디어 펀드 투자

Q 펀드에 대한 투자 성공과 실패를 겪으면서 우리나라 사람들의 재테크 수단 중 하나로 펀드를 들 수 있다. 다만 투자하는 사람들의 욕구가 다양해지고 펀드를 만드는 회사도 증가하면서 펀드 수가 10,000개에 달해 상장되어 있는 주식 수보다 많아진 상황이라고 하는데, 어떻게 투자해야할지 고민이다.

A 펀드 투자를 하려는 사람들은 어떻게 좋은 펀드를 골라낼 것인지 고민일 수밖에 없다. 하지만 안타깝게도 고민의 정도가 깊어질수록 펀드를 고르는 기준이 수익률 하나로 굳어져 가는 듯 모습을 쉽게 볼 수 있다. 즉, 단기간 성적이 좋은 펀드를 따라다니는 현상이 일반적으로 나타나고 있는 것이다.

이렇게 '꿩 잡는 게 매' 식으로 펀드 고르는 것을 벗어나고 간접투자의 본래 의미에 대해서 다시 한번 생각해보는 것이 필요한데, 모든 투자는 아이디어에서 시작한다는 사실로 출발하는 것이 좋겠다.

Q 아이디어로 투자를 시작한다는 뜻이 무슨 말인가?

A 아이디어로 시작한다는 말은 '회사가 가지고 있는 가치 대비 싸다'는 것일 수도 있고, '풍력 산업이 급성장 한다.'는 것일 수도 있고, '중국의 전망이 장기적으로 유망하다'는 것일 수도 있다. 이런 아이디어에 따라 직접투자를 한다면 각각 가치주식, 풍력관련 단조주식, 중국주식을 사는 것을 말한다.

그렇지만 많은 주식 중에서 아이디어에 딱 맞는 종목을 골라내기란 일반투자자에게 쉬운 일이 아니다. 여기에는 많은 시간과 전문지식 그리고 경험이 필요하며, 이런 필요 때문에 펀드를 운용하는 회사가 존재하는 것이다. 즉 가치주가 아니라 가치주펀드, 중국주식이 아니라 중국펀드 식으로 전문가에 의한 투자를 맡기면 된다.

Q 그렇게 본다면 펀드를 투자하는 사람들의 아이디어를 잘 실천해줄 그릇을 잘 골라야 할 거 같은데?

A 맞다. 그런 점에서 자산운용회사(펀드를 만들고 운용하는 회사)를 선택할 때는 최고의 수익률도 따지기 보다 내가 가진 아이디어를 잘 실현해줄 전문가

집단이 누군가를 보아야 한다. 전문가가 없거나 잘못된 전문가 집단을 만나면 오히려 손실의 폭이 커지게 되므로, 펀드에 투자하는 사람들은 펀드를 선택할 때 이러한 사항을 꼼꼼하게 살펴야 한다. 살펴볼 때 염두에 두어야 할 부분은 세 가지 정도를 생각할 수 있다.

Q 자산운용사 선택시 살펴야 하는 세 가지는?

A 첫째, 운용스타일이 명확해야 한다. 그릇의 모양이 늘 똑같아야지 투자자의 아이디어를 정확하게 담을 수 있는데 수익률만 추구하면서 그릇의 모양을 그때그때 바꾼다면 아무리 좋은 아이디어라도 무용지물이 되고 만다. 따라서 처음부터 그릇이 똑같거나 색깔이 똑같은 지를 살펴야 한다.

둘째, 투자자의 아이디어에 맞는 주식종목을 잘 찾아줄 능력이 있어야 한다. 중국 펀드인데 중국 기업을 분석하는 최고의 전문가가 없고 단순히 중국주식 중에 몇 개를 골라서 투자한다면, 수익률이 아무리 좋아도 일시적일 것이므로 대단히 불안해진다는 것이다.

셋째, 장기적인 성과를 가지고 있어야 한다. 시장은 단기적으로는 엉성하고 비효율적이지만 장기적으로는 정확하고 효율적이다. 투자하는 동안 효율적인 구간에서 일정한 성과를 나타내지 못했다면 운용 스타일이 명확하지 않았거나 아이디어를 실현시킬 능력이 없었을 가능성이 높다. 따라서 장기적인 성과에 효율성이 나타났는지를 살펴봐야 한다.

이렇듯 투자자가 올바른 펀드를 선택하는 기준을 가져야 제대로 전문화된 최고의 펀드들이 탄생할 수 있다. 그렇지 않다면 단기적인 수익률을 좇다가 실패해 자투리 펀드로 전락한 펀드의 수만 늘어나게 된다.

17) 농산물 펀드

Ⓠ 요즘 먹거리에 대한 기사를 쉽게 접하게 된다. 주요 농산물 생산국의 가뭄으로 인해 농산물 가격이 급등한다는 기사를 보니, 우리 식단에 대한 고민이 앞서는 것도 사실이다. 이런 상황에서 농산물 펀드에 대한 관심도가 높은데 투자할만한 가치는 있나?

Ⓐ 주부들이 시장가서 장보기 겁난다는 말을 많이 하는데 향후 농산물 가격은 변동성이 커질 것으로 예상된다. 최근 몇 년간의 농산물 가격 추이를 보더라도 단기간에 농산물 가격이 최고점을 찍은 뒤 50% 이상 하락하고, 뒤이어 급격하게 가격 상승을 보이는 등 가격을 예측하기가 매우 어려운 상황이다.

이러한 환경적인 요인을 고려할 때 분산투자 차원에서 관심을 가져볼만 한 대상이 농산물이다.

Q 농산물 가격의 변동폭이 큰 이유는 무엇인가?

A 최근 글로벌 금융위기가 안정세로 돌아서면서 식량에 대한 문제로 이슈가 바뀌고 있다. 즉, 언제라도 농산물 가격은 급등할 수 있다는 얘기다. 이렇게 농산물 가격이 급등하는 이유는 중국의 육류 소비 증가에 따른 사료용 농산물 수요 증가, 세계적인 경작지 감소에 따른 농산물 공급량 감소, 그리고 세계적인 곡창지역인 중남미와 중국의 가뭄 등이 주된 요인으로 꼽히고 있다.

그림에서 보듯이 각 국가별 곡물 자급률이 현격하게 떨어진다는 점도 중요한 참고사항이다.

OECD 국가별 곡물 자급률 (2005년. 한국–2006년)

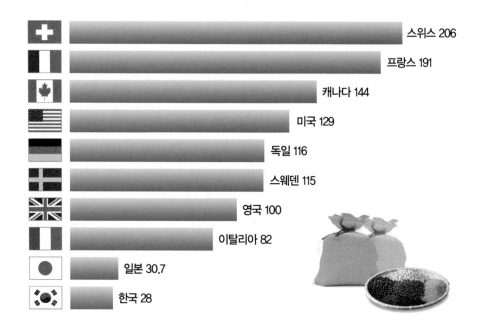

스위스 206
프랑스 191
캐나다 144
미국 129
독일 116
스웨덴 115
영국 100
이탈리아 82
일본 30.7
한국 28

농산물은 아무나 투자할 수 있나? 투자한다면 어떤 펀드를 골라야 하나?

A 농산물 펀드는 적극투자형이 아닌 공격투자형(81점 이상)이어야 투자할 수 있다. 그만큼 농산물 펀드는 수익률의 변동성이 높다고 볼 수 있다. 농산물 가격이 3~4달러만 움직여도 수익률이 5~8%정도씩 출렁거린다. 이러한 위험을 감수할 수 있다면 꼭 '공격 투자형'이 아니더라도 투자가 가능하지만, 개인의 투자성향을 체크하는 증권회사의 설문에는 위험을 감수하겠다는 서명을 해야한다.

농산물 펀드는 농산물에 직접 투자하는 펀드, 농산물이 포함된 상품 펀드, 채권 자산과 일부 농산물 관련 상품에 투자하는 펀드로 나눠지는데 농산물에 직접 투자하는 펀드는 도이치 프리미어에그리비지니스, 미래맵스로저스농산물지수, 농산물이 포함된 파생상품은 미래맵스로저스커머디티인덱스, 우리커머디티인덱스, 채권자산과 일부농산물펀드는 하나UBS옥수수설탕파생, 하나UBS커피설탕채권 등이 있다.

곡물관련 펀드

곡물집중투자펀드	도이치 프리미어 에그리비지니스 미래맵스로저스 농산물 지수	농축수산관련주에 투자
곡물이 포함된 상품펀드	미래맵스로저스 커머디티인덱스 우리커머디티 인덱스	농산물지수에 투자
채권과 일부 곡물관련펀드	하나UBS 옥수수 설탕 파생 하나UBS 커피설탕채권	70%채권, 30%곡물선물 에 투자

Q 모든 투자가 마찬가지지만 언제 투자하는 게 맞느냐 인데?

A 사실 투자 시기를 정확히 안다는 것은 불가능하다. 다만, 농산물의 경우는 시세의 변화와 수요가 가격을 결정하기 때문에 어느 정도 예측이 가능하다. 세계적인 상품투자의 귀재 짐 로저스의 의견에 따르면 세계 각국정부가 경기부양을 위해 풀어놓은 돈이 원자재 값에 영향을 미칠 때 이에 대한 투자를 적극적으로 검토할 필요가 있다고 하니, 참고 자료로 삼을만 하다.

Q 농산물 펀드에 투자할 때 주의할 점은?

A 농산물 펀드는 일반 주식형 펀드에 비해 변동성이 크다. 따라서 원자재 펀드 등의 실물펀드는 투자금액의 한도를 정하고 투자하는 것이 바람직하며, 대체로 투자하려는 금액의 10% 범위 내에서 투자하는 것이 가장 좋다. 또한 인플레이션에 대한 헤지 형태로 투자하는 상품인 점을 감안할 때, 투자 기간은 되도록 3년 이상 여유있게 잡는 것이 바람직하다.

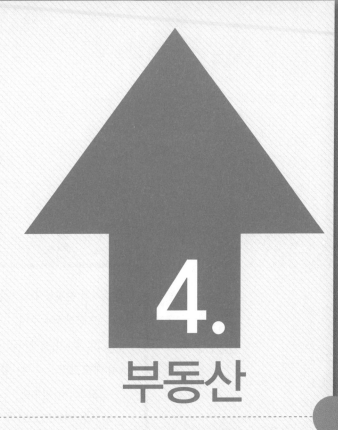

4.
부동산

부동산 불패 신화가 꺼져가고 있다. 아파트 분양권만 사놓으면 가격이 뛰어서
손쉽게 재테크를 할 수 있던 시대는 가고, 가격 변동성이 심해져 부동산에 대한
불확실성이 증가한 시대에 접어들고 있다. 주택이 소유에서 주거의 개념으로 바
뀌는 이 시점에 주거적인 안정성을 확보할 수 있는 방법과 부동산 투자에 성공
하는 방법에 대해 알아보자.

1) 주거적 안정성 확보 방안

Q 우리나라 사람들의 경우 내 집 한 채는 있어야한다고 생각을 한다. 이러한 생각 때문인지 대출을 무리하게 받아 집을 사시는 사람들이 많은데?

A 상담을 하다보면 전세로 이사를 다니기 힘들다는 이유에서, 혹은 집 값이 더 올라가면 집을 평생 못 살 것 같다는 걱정 때문에 무리하게 대출을 받아서 내 집을 장만한 경우를 많이 보게 된다. 문제는 집을 사는 만족감은 오래가지 않고, 매달 내야하는 이자 부담 때문에 가정 경제가 허덕인다는 사실이다.

실제로 과거 서울시정개발연구원이 발표한 자료에 따르면 서울 지역에서 자가 주택을 보유하고 있는 사람의 1/3이 대출 잔금이 남아있었고, 평균 잔액이 1억 9,000만원에 달했다는 통계가 있다. 이는 매월 이자로만 73만원을 내야하는 큰 돈이다. 따라서 이제는 무조건 내 집을 마련하고 본다는 생각을 조금 다르게 가져갈 필요가 있다.

Q 관점을 다르게 가져가야 한다는 것은 어떤 의미인가?

A 모아놓은 돈이 충분하거나, 대출 계획을 충실히 해서 내 집을 장만하는 것은 찬성이다. 문제는 가정의 능력 이상으로 대출을 받는 경우가 될 것이다. 이런 경우에는 대출 금리가 올라가거나, 맞벌이를 하다 한 사람이 실직을 해서 소득이 반으로 줄어들 경우 이자 상환이 버거워져 재무건전도가 단기간에 악화되는 경우가 종종 있다.

따라서 자신의 상황에 따라 내 집 마련 시기를 조정하되, 공적으로 제공되는 임대아파트나 전세아파트를 활용한다면 주거적인 안정성을 확보하면서 주거 비용을 낮출 수 있다.

Q 주거적 안정성을 확보하면서 주거비용을 낮춘다는 것이 어떤 것인가?

A 예를 들어 설명하겠다. 20대 후반이나 30대 초반이 부모님으로부터 독립을 한다고 가정해보자. 만약 모아놓은 돈이 없거나 부모님에게 지원을 받지 못할 경우 주거 공간으로 선택할 수 있는 것은 임대보증금 1,000만원 정도에 월세를 내는 원룸 정도일 것이다. 이 경우 주거적인 질이 낮을 뿐만 아니라 재계약이 어려울 수 있어 주거적인 안정성은 떨어지게 된다. 더군다나 월세와 관리비를 합하면 30~50만원 정도 지출이 될 것이므로 주거 비용이 높아 저

축 여력이 떨어질 수 밖에 없다.

하지만, 대한토지주택공사에서 공급하는 국민임대아파트나 50년 공공임대
아파트를 활용한다면 주거의 질은 높이면서 주거비용은 절반 정도로 낮출 수
있다. 더군다나 2년마다 재계약이 이뤄지기는 하지만, 소득이 현저하게 상승
하거나 주택을 구입하지 않는다는 것을 전제로 자동 재계약이 이뤄지므로 주
거적인 안정성도 확보할 수 있을 것이다.

Q 일반적으로 임대아파트라고 하면 자격조건이 까다로울 것 같은데?

A 국민임대아파트는 미혼의 경우 입주할 수 있는 면적에 제한을 받고, 기혼의
경우라도 가정의 연 소득에 따라 들어갈 수 있는 면적이 제한이 된다. 예를
들어 51㎡의 경우 2010년 4인 가구 기준으로 월 296만원 이하의 소득이어야
입주가 가능하다. 하지만 50년 공공임대아파트의 경우는 무주택자이고 청약
저축(또는 청약종합저축)만 있으면 입주 조건이 된다.

지역마다 차이는 있지만, 51㎡을 기준으로 임대보증금 2,500만원에 임대료
는 15만원 수준이므로 시세 대비 50~60% 정도 가격으로 보면 된다.

Q 그 정도 조건이면 입주하기 위한 경쟁이 치열하지 않나?

A 신규 분양되는 지구의 경우 임대 아파트도 동시에 모집을 하고, 기존에 있는

국민임대아파트와 50년 공공임대아파트의 경우 공가 발생에 대비해서 1년에 1~2차례 예비입주자를 모집한다. 이 때, 신청을 해서 예비 입주 순번을 받게 된다면 순서에 따라 무조건 입주가 가능하다.

입주하기 위한 경쟁이 치열할 것으로 생각하는 경향이 있지만, 대부분의 경우 청약(종합)저축 가입기간이 2년이 넘어 1순위면 대부분 예비입주자 모집 때 순번을 받을 수 있다. 실제로 2009년에 용인에 분양됐던 모 지구의 경우 일부 국민임대아파트가 2순위 모집에도 미달되, 3순위까지 모집했던 적이 있으니 참고하면 좋겠다.

Q 월세를 내는 임대 주택말고, 전세로 운영되는 주택도 있다고 들었다.

A 현재는 서울시의 SH공사가 제공하는 장기전세주택이 있으며, 가격은 주변 전세 시세의 70~80% 정도로 공급된다. 역시 2년마다 재계약을 하지만, 무주택인 상황이면 재계약이 되므로 20년 간 주거적인 안정을 확보할 수 있다는 장점이 있다.

이 장기전세의 경우 향후 역세권 등 도심에 공급될 예정이므로 관심을 가져도 좋을 것 같고, 향후 전국적으로 확산될 것으로 기대하고 있다.

또한, 한부모 가정이나 기초생활 수급자 혹은 도시근로자 평균소득의 50% 이하인 가정의 경우 전세임대 제도를 통해 주거 문제를 해결할 수 있다. 전세임대란 대한토지주택공사가 원 주인과 전세를 계약한 후 신청자와 전세임대

계약을 다시 맺는 것으로 5,000만원 전세의 경우 임대보증금 250만원, 월 임대료 8만원에 전세임대 계약을 맺을 수 있다. 소득이 적고, 모아놓은 자금이 많지 않을 경우 이를 활용하면 좋을 것이다.

Q 만약 어느 정도 목돈을 모아서 내 집 마련을 한다면 어떤 전략을 세울 수 있을까?

A 지금은 주택 가격에 대한 변동성이 심한 상황이므로 섣불리 내 집을 마련하기 보다는 분양가 상한제가 적용되는 주택에 대한 분양 계획을 세우는 것이 바람직하다.

현 상황에서는 두 가지를 추천하는데, 첫째는 5~10년 임대 후 분양 전환되는 아파트이다. 이는 초기 자금을 적게 들이면서 5~10년간 돈을 모아 분양자금을 마련할 수 있다는 점에서 주거적 안정성도 확보하고 내 집 마련도 하는 좋은 전략으로 볼 수 있다. 또한 분양 전환시에는 주변 시세의 80~90% 수준으로 분양되는데다 입주 초부터 주거 기간을 채울 경우 양도시 비과세가 적용되므로 재테크 수단으로도 활용할 수 있다.

둘째는, 현재 추진되고 있는 보금자리주택이다. 보금자리주택의 경우 주변 시세의 70~80% 수준으로 분양가가 결정되며, 신혼부부 특별분양, 생애최초 특별분양과 같은 제도가 있으므로 이를 잘 활용한다면 무리하지 않는 선에서 내 집 마련에 성공할 수 있을 것이다.

2) 장기전세 주택

Q 장기전세주택에 대해서 보다 더 심도있게 알아보고 싶다. 장기전세주택은 뭔가?

A 최근 장기전세주택(Shift)가 인기를 끌다보니 경쟁률이 5:1 이상은 우습게 넘어간다. 장기시프트는 서울시와 SH공사가 중산층 및 실수요자를 위해 만드는 장기전세주택으로, 그야말로 '살 집'을 원하는 사람들에게 안성맞춤인 제도이다.

장기시프트가 인기를 끄는 이유는 ① 시프트 당첨 후에도 장기전세주택에 거주하면서 청약통장의 효력을 계속 유지할 수 있는 점, ② 분양 아파트와 시프트가 구분없이 한 단지 안에 혼합 배치된 점, ③ 중간에 주택을 소유하는 등 특별한 결격 사유가 없는 한 20년 동안 장기 거주가 보장 된다는 점, ④ 주변 전세 시세의 80% 가량에 불과한 전세금, ⑤ 전세금 인상률의 상한이 매년 최대 5%로 정해져 있다는 점이다.

Q 장기전세주택의 형태는 어떤 것들이 있나?

A 장기전세주택은 서울시 산하 SH공사가 건설해서 공급하는 건설형과 서울시가 재건축아파트 중 일부를 매입해서 공급하는 매입형 두 가지가 있다. 매입형의 경우는 일반분양아파트에 장기시프트 가구가 일부 제공되기 하기 때문

에 임대주택인지 일반분양을 받았는지 알 수가 없어서 많은 사람들의 관심이 쏠리고 있다.

Q 장기전세주택의 청약자격이 궁금한데 어떻게 되나?

A 장기전세주택 건설형의 경우 청약저축을 2년 이상 납입하면 1순위, 전용면적 60㎡(18평) 미만은 월평균 소득이 전년 도시근로자 월평균 소득의 70% 이하, 개별공시지가 기준으로 5,000만원이하 토지, 현재 가치로 2,200만원 이하의 자동차를 소유한 경우만 청약이 가능하다.

전용 60㎡ 이상 85㎡(25평) 이하는 소득 및 자산은 제한 없지만 청약저축을 2년 이상 납입해야 한다. 85㎡ 초과는 청약예금에 가입해 2년이 지나고, 청약일 기준으로 해당 평형에 맞는 예치액이 있을 경우 1순위 자격을 갖는다.

매입형은 청약저축통장이 없어도 1년 이상 서울에 거주한 무주택 세대주라면 청약이 가능하다. 무주택 기간(최대 5점), 서울 거주기간(최대 5점), 가구주 나이(최대 5점), 부양가족 수(최대 5점), 20세 미만 자녀 수(최대 3점) 등에 따라 가점이 부여된다. 3년 이상 모시고 있는 노부모(배우자 노부모 포함)가 65세 이상인 가구와 미성년 자녀 3명 이상을 둔 가구에는 각각 전체 물량의 10%가 우선 공급된다.

장기시프트 청약자격조건

종 류	시프트의 면적	청약관련 상품	주요조건
건설형	60㎡미만	청약저축 2년이상 월 24회 이상불입	전년도 도시근로자, 월평균 소득 70%이하, 개별공지지가 5,000만원 이하의 토지, 현재가치 2,200만원 이하의 자동차
	60～85㎡이하	청약저축 2년이상 월 24회 이상불입	소득 제한없음
	85㎡	청약예금 2년이상	소득제한 없음 85～102㎡이하 청약예금 600만원 102～135㎡이하 청약예금 1,000만원
매입형	-	통장 필요없음	무주택기간, 서울거주기간, 가구주 나이 부양가족수, 20세미만 자녀 수

Q 우리나라도 집에 대한 개념이 바뀌고 있는 것 같다.

A 이제는 소유의 개념보다는 거주의 개념으로 집의 개념이 바뀌고 있다. 이제는 주택가격 상승을 통해 이익을 보는 투자의 개념으로 내집을 마련하는 것보다 거주의 가치를 두는 내 집 마련이 많아지고 있다. 예전에는 임대아파트하면 서민들만 모여사는 아파트라서 자긍심을 느낄 수 없었지만 장기시프트는 임대아파트와 일반아파트가 섞여있어서 임대아파트에 대한 거부감이 상

당히 없어진 것이 사실이다.

집을 무리해서 사는 것보다 장기전세주택에 입주해 20년간 그 자금을 활용해서 기회비용을 살린다면 훨씬 좋은 경우가 될 것이다.

Q 장기전세주택을 청약하는데도 전략이 필요할 것 같은데 장기전세주택의 청약전략을 소개해 준다면?

A 우선, 건설형의 경우는 청약통장의 크기에 맞게 청약하는 전략이 필요할 것이다. 단독세대주라면 전용면적 40㎡이하의 주택에만 청약할 수 있다는 점을 잊지말아야 한다. 60㎡이하의 주택인 경우 저소득층 및 무주택가구를 우대하는 방침이 우선할 수 밖에 없기 때문에 여기에 해당되시는 청약저축 가입자가 청약하는 것이 좋고, 신혼부부 가구의 경우는 60㎡이하 공급량의 30%를 특별공급하는 점을 활용하는 것이 좋다.

60~85㎡의 경우는 현재 청약저축 2년 이상의 자격 외에는 특별한 제한이 없기 때문에 아무래도 경쟁률이 치열할 수 밖에 없다. 이 경우에는 무주택기간, 서울시거주기간, 세대주나이, 부양가족수, 미성년자녀수 등의 합산점수를 계산해보고 당첨가능성이 있다고 판단된다면 재건축 매입형을 청약하는 것이 좋다. 85㎡초과의 경우는 청약예금을 600만원 이상으로 만들어놓고 기다리는 것이 필요하다.

3) 임대차 계약서

🔍 이사할 때 제일 먼저 하는 일은 바로 부동산 매매 또는 부동산 임대차에 대한 계약서를 쓰는 것이다. 그런데 임차계약서를 잘못 작성하여 손실을 보는 경우가 간혹 있는데, 우선 부동산 거래와 관련된 계약은 어떻게 구분할 수 있나?

🅰 일반적으로 부동산 계약하면, 흔히 이사철에 반드시 해야만 하는 주택의 전세, 월세 등의 임대차계약, 내 집 마련의 꿈을 이루거나 주택 확장시에 하는 주택매매계약 등으로 나눌 수 있을 것이다.

🔍 서민들의 입장에서 보면, 주택의 전세, 월세계약에 대한 관심이 가장 많은데 이 때 주의해야 할 점은 어떤 것이 있나?

🅰 주택의 전세, 월세와 같은 임대차계약은 계약 체결 전에 매우 신중을 기해야 한다. 우선적으로 계약을 하고자 하는 주택의 등기부등본을 확인해야 한다.

이를 위해서는 우선, 법원등기과 또는 등기소에서 토지, 건물등기부등본을 발급하거나 열람을 할 수 있는데, 요즘은 인터넷으로도 등기부등본을 열람할 수 있고, 부동산 중개업소에 부탁할 경우 기본적으로 등기부등본부터 보여주는 경우가 많다. 이 때 반드시 등기부등본 맨 뒷장에 있는 발급일자를 확인해야 하는데, 등기부등본상의 소유자가 실제소유자인지, 계약체결당사자인지 여부를 확인해야 하며, 등기부등본의 갑구와 을구의 기재사항을 꼼꼼하게 살펴야 한다.

Q 등기부등본의 갑구와 을구를 살펴봐야 한다는 것은 무슨 뜻인가?

A 등기부등본을 떼어보면, 표제부, 갑구, 을구로 나누어진다. 등기부등본의 맨 처음이 표제부이고, 여기에는 부동산의 소재지와 그 내용을 표시한다. 토지의 경우에는 지번,지목,지적을, 건물인 경우에는 지번,구조,용도,면적 등이 기재된다.

등기부등본의 갑구에는 소유권에 관련된 내용 등이 기재되어 있는데, 가압류, 압류, 가등기, 경매, 예고등기 등이 있는지를 잘 살펴 각종 권리가 소유권에 영향을 줄 수 있는지를 꼼꼼하게 확인해야한다.

등기부등본의 을구에는 부동산에 부가되어 있는 각종권리관계가 기재되어 있는데, 여기에 기재되어 있는 근저당, 저당권, 전세권 등의 소유권 이외의 권리가 등기되어 있는지를 확인하고, 권리가 존재하는 경우 예상되는 주택가격에서 근저당 등의 금액을 공제하고 자신 주택이 경매되는 경우를 대비하여 선순위 전세보증금등을 공제하고도 전세보증금의 회수가 가능한지 판단해 봐야 한다.

특히 계약체결시 상대방이 등기부등본상의 소유자가 아닌 경우 적절한 대리권이 있는지 여부를 위임장 및 인감증명서 등을 통해서 확인해야한다.

Q 잔금지급전에 건물등기부등본을 다시 한번 확인해야 하고 확정일자인도 받아야 하던데 그렇게 해야 하는 이유는?

A 계약 체결 후 중도금, 잔금기일이 장기간인 경우 중도금 또는 잔금을 지급하기전에 등기부등본을 다시 한번 확인해서 계약 후 중요한 권리변동이 있는지 여부를 확인해야 한다. 권리관계의 확인은 부동산 임대차계약에 있어서 아주 중요한 변수가 되기 때문이다.

또한 주민등록 전입신고를 한 후 주민등록등본을 발급받아 주민등록등본 1통과 임대차계약서 원본을 가지고 동사무소나 등기소 또는 공증기관을 찾아가서 확정일자인을 받는 것이 중요하다.

Q 주택 임대차계약에서 확정일자인을 받아야 하는 것은 임대차 보호법과 관련이 있나?

A 그렇다. 남의 집을 빌려 세를 들어가거나, 혹은 세입자가 있는 집을 매매나 경매를 통해 사는 경우에는 '주택임대차보호법'을 잘 알아야 한다. 주택임대차에 관해 최우선적으로 적용되는 법이 바로 주택임대차보호법이기 때문이다. 세입자의 경우 주택임대차보호법 내용을 잘 알아야 자신의 권리를 충분히 주장할 수 있고, 매수자 역시나 이 법을 잘 알아야 불의의 경제적 손실을

막을 수 있다.

주택임대차보호법은 집주인에 비해 상대적으로 경제적 약자 입장인 세입자를 보호하는 측면이 강한데, 그 대표적인 예가 '대항력'과 '우선변제권'이다.

Q 대항력과 우선변제권이라는 말은 무슨 말인가?

A '대항력'이란 세입자가 자신의 임차권을 등기하지 않아도 '주택의 인도'와 '주민등록'을 마친 때에는 그 다음날부터 제3자에게 대항력을 행사할 수 있는 힘이다. 좀 더 자세히 말하자면 임차주택이 매매되거나 경매된 경우에 임차인이 매수인이나 낙찰자에게 보증금을 돌려달라고 요구할 수 있는 권리로 보면 된다.

또 '우선변제권'이란 주택임대차계약서(예를 들어 주택전세계약서)에 확정일자인를 받으면 배당 순서에서 후순위 권리자나 기타 채권자보다 우선해서 배당받을 수 있는 권리다.

Q 주택 임대차계약을 하면서 전세권 등기를 해버리면 더 안전하지 않나?

A 우리 민법에는 '임대차'에 관한 규정과 '전세권'에 관한 규정들이 있어서 '임차권 등기'나 '전세권 등기'를 하게 되면 임차인이 보호받을 수 있는 길을 열어 놓았다. 문제는 '임차권 등기'나 '선세권 등기'를 하려면 집주인의 협조가 있어

야 하는데, 대부분의 집주인들은 이러한 등기를 해 줌으로써 주택의 담보가 치가 하락하는 것을 염려해 전세권 등기나 임차권등기를 회피하기 때문에 결국 임차인(세입자)은 등기 없는 임대차를 통해 타인의 주택을 이용할 수밖에 없다. 이러다 보니 임차인들이 법적으로 거의 무방비 상태에서 주거권이나 경제권의 심각한 피해를 입게 된다.

그래서 주택임대차보호법은 임차인이 자신의 임차권을 등기하지 않아도 '주택의 인도'와 '주민등록'을 마친 때에는 그 다음날부터 제3자에게 대항력을 행사할 수 있도록 하고 있다. 단, 임차인이 대항력을 가지기 위해서는 말소기준권리보다 먼저 대항요건(주택의 인도와 주민등록) 두 가지를 모두 갖춰야 한다.

Q 그렇다면 전, 월세 임대차계약과 입주 신고를 마치고 확정일자를 받는 것이 중요하다는 얘기인가?

A 미등기 주택임차권이라도 주택임대차계약서(예를 들어 주택전세계약서)에 확정일자를 받으면 배당 순서에서 등기된 권리와 동등한 대우를 받을 수 있다. 이 법에 의해 미등기 주택임차권도 확정일자를 받으면 자기 날짜 순서대로 배당을 받을 수 있다.

여기서 확정일자란 법원등기과, 동사무소 등에서 찍어주는 날짜도장이다. 그 날짜에 해당 주택임대차가 있었다는 것을 증명하는 역할을 한다.

4) 매매 계약시 주의사항

Q 부동산의 매매 계약시에 주의해야할 사항은?

A 먼저 부동산과 관련한 세금 문제를 정확히 확인하는 것이 필요하다. 매도자는 양도소득세를 확인해야 할 것이고, 매수자는 취등세와 등록세가 어느 정도되는지를 확인하는 것이 필요하다.

부동산 매매시 매도자 보다 매수자가 특히 주의를 해야하는데 계약상대방이 등기부상 실제소유자인지를 확인해야하며, 만약 실소유자가 아닌 대리인과 계약을 체결할 때에는 소유자의 대리권에 대한 위임장 및 인감증명을 확인하여 적절한 대리인인지를 확인하고 계약을 체결해야 한다. 또한 매매로 인한 완전한 소유권을 획득하기 위해서 소유권에 제한이 되는 가등기, 예고등기, 근저당, 저당권, 압류, 가압류 등을 확인하고 향후 약정을 명확히 한다.

Q 주택매매 계약서 작성시에는 어떤 점을 주의해야 하나?

A 먼저, 계약서를 쓰기 전에 계약당사자인지 대리인인지를 먼저 확인해야 하며 만약 대리인일 경우 위임장, 인감증명서, 주민등록증을 확인해야 한다. 계약내용에는 목적물의 표시(등기부등본, 토지대장), 대금의 액수와 지불시기, 매수, 매도인(임차, 임대인)의 성명, 주소, 주민등록번초, 부동사의 명도시기(임

대시 기간), 부동산소유권의 이전 및 매도인의 책임사항, 특약사항 등을 기재한다.

간혹 등기부상의 면적과 실제면적의 차이가 발생하는 경우가 있으므로 이 경우 매매금액의 정산방법에 대한 약정은 체결해두어야 한다. 숫자는 아라비아 숫자보다 한자로 표기하며, 내용은 알기 쉽게 쓰고 특약사항에는 분쟁의 소지가 있는 것을 상세히 기재해야 한다.계약서 작성 후 이상이 없으면 기명 날인 후 계약금을 건네주고 영수증을 받으며, 매도, 매수, 입회인이 각 1부씩 보관하면 된다.

Q 주택매매 계약 후에 주의해야할 사항은?

A 계약을 체결한 후에는 잔금 지급일의 기간이 일정 기간 남아있는 경우 중도금, 잔금 지급 전에 등기부등본을 다시 확인하여 계약 후 중요한 권리변동이 있는지 확인해야 한다. 또한 잔금지급시에는 등기이전에 필요한 서류를 확실히 받아두어야 하는데, 매도자는 검인계약서, 등기부등본, 매도용 인감증명서, 주민등록등본이 필요하며, 매수자는 검인계약서, 주민등록등본, 등록세 영수필확인서, 통지서, 국민주택 매입필증, 토지대장, 건축물관리대장이 필요하다.

Q 분양권을 사고 팔 때는 매수자는 어떤 점을 주의해야 하나?

A 분양권을 매입할 경우 매수자는 먼저 분양가와 프리미엄을 합한 금액과 인근 아파트 시세와 비교하여 인근 시세보다 높지 않은 분양권을 선택하는 것이 중요하며, 최초 분양자가 중도금 연체사실이 없는지 확인해야 한다. 이는 최초 분양자가 연체한 상태에서 중도금을 납부하였다면 잔금 정산때 문제가 생길 수 있기 때문이다. 따라서 계약서 작성시 책임여부를 특약사항에 명시해야 한다. 그리고 분양권 전매로 아파트를 살 경우에 최초 취득자가 아니므로 신규아파트 청약이나 미분양 아파트 매입시 받을 수 있는 취득세, 등록세, 양도소득세의 면제혜택이 없다는 점도 기억해야 한다.또한 과거 사례를 보면 건설업체의 부도로 인해 입주시기가 지연되거나 심지어 입주를 못하는 아파트도 있었으므로 이에 대한 사실 관계는 반드시 확인해야 하며, 실수요인지 투자목적인지 분명히 하여 투자여부를 결정하는 것이 바람직하다.

Q 분양권 매도시 매도자의 유의사항은?

A 매도자는 분양권을 팔 때 양도차익에 따른 양도소득세가 발생하므로 수익성 면에서 따져 보고 매도 여부를 결정하는 것이 바람직하다. 양도소득세율은 보유기간이 2년 미만이면 40%, 2년 이상이면 20-40%의 세율이 적용된되니 양도시 수익성이 보장되는지 확인한다.특히 자금 계획의 실수로 인해 대금 납부능력이 없어 연체료를 무는 경우가 있는데 이때에는 무리하게 분양권을 가져가는 것보다 분양가 정도의 수준에서라도 파는 것이 낫다. 연체료가 보통 시중금리보다 3-5%높기 때문에 분양가를 할인하여 파는 것이 오히려 경제적일 수 있다. 이 때에는 확실한 중개업소와 너러 매체에 분양권 매각을 의

뢰하는 것이 좋으며, 분양권 프리미엄은 지역별, 또 부동산 흐름에 따라 시세 차이가 많이 발생하므로 신뢰 있는 중개업소를 통해 가장 유리한 조건에 매각하는 것이 현명하다.

5) 보금자리 주택

Q 정부가 임대 주택 확대와 더불어 보금자리 주택을 보급하면서 이에 대한 관심이 높아지고 있다. 비닐하우스 · 축사 · 창고 등이 들어선 서울 근교 땅은 그린벨트에서 거의 다 해제될 것이라는 전망인데 보금자리 주택의 전망은 어떤가?

A 정부는 서민용 보금자리 주택을 짓기 위해 그린벨트를 추가로 풀고 있다. 서울 근교의 산과 상수원보호지역을 제외한 그린벨트 대부분이 풀리고 있는데, 보금자리주택을 보급하겠다는 정책이 강화되고 있는 것이다.

보금자리주택은 기존 아파트 가격보다 분양가를 15%가량 인하해 공공 부문이 직접 공급하는 주택으로 정부는 애초 2018년까지 중소형분양주택 70만 가구, 임대주택 80만 가구 등 보금자리주택 150만 가구를 공급하기로 했고 이 중 100만가구는 수도권에 지어진다.

보금자리주택지구는 총 10곳으로 늘어나는데, 국토해양부는 당초 국민임대주택단지 예정지구였던 경기 의정부 고산, 충남 천안 성환지구, 울산 다운 2지구 등 6곳을 '보금자리주택지구'로 변경 고시했다. 이미 발표된 보금자리주택 시범지구 4곳(강남 세곡, 서초 우면, 고양 원흥, 하남 미사지구)이 있다.

Q 보금자리 주택의 장점은 무엇인가?

A 정부가 주도하는 보금자리주택의 장점은 적은 돈으로 좋은 지역에 보다 빨리 거처를 마련할 수 있다는 것이다. 큰 돈 들이지 않고도 원하는 지역에 보금자리를 마련할 수 있다는 것은 돈을 모으기 위해 쉬지 않고 일만 해야 하는 삶을 피하고, 취미, 교제, 운동에 더 시간을 할애할 수 있어 행복지수를 높일 수 있다.

선택에 따라서는 평생 이사 다닐 필요가 없거나 보다 더 좋은 지역으로 옮기기 위해 돈을 쓰지 못하고 저축만 하다 끝나는 삶에서 벗어날 수 있다.

Q 그렇다면 보금자리주택으로 공급되는 주택은 어떤 것들이 있나?

A 보금자리주택은 '영구임대주택' '공공분양주택' 그리고 10년의 임대기간 종료 후 분양 전환돼 소유권을 이전받을 수 있는 10년 '공공임대주택', 20년 '장기전세주택', 저소득 국민들의 주거안정을 위해 정부재정과 국민주택기금 등의

지원으로 건설해 30년 이상 임대 후 분양전환 되지 않는 '국민임대주택'으로 나뉜다.

보금자리주택 시범지구에는 여러 유형의 주택이 공급될 예정이지만 가장 수요자가 많은 전용면적 75~85㎡대의 공공분양주택과 10년 공공임대주택이 가장 인기를 끌 것으로 보인다.

행복한 부자 되기

204

Q 그렇다면 어떤 보금자리주택을 선택해야 하나?

A 주거 안정을 위해 각자 여건에 맞는 주택을 선택할 수 있지만 투자성격을 겸비하기 위해서는 공공분양주택과 공공임대주택을 선택해야 한다.

그러나 목돈이 덜 들어가는 영구임대나 국민임대를 택한 후 남은 돈으로 다른 투자 안을 선택하면 투자를 겸비한 주택이나 다름없다. 10년 공공임대주택 공급지역 중 오산 세교, 파주 운정지구 내 전용면적 84㎡형은 10년 후 분양전환 시에는 지역이 성숙해 미래가치가 지금보다 높아 보인다.

Q 보금자리주택 시범지구는 어떤 지역이 있나?

A 서울 외곽 4곳에 지정해서 과천, 분당, 하남, 일산 등 경기도 일급 주거지와 연결선상에 위치하기 때문에 상당히 매력적인데, 단지별로 장단점을 따져보면 다음과 같다.

자료: 대한주택공사

지구명	면적 (㎡)	주택건설 호수	보금자리 주택수	소재지	특색
보금자리주택 시범지구 현황					
강남세곡	94만	7000	5000	강남구 자곡동, 세곡동, 율현동	도심 속 생태전원마을
서초우면	36만 3000	4000	3000	서초구 우면동, 과천시 주암동	녹색성장, 시범그린지구
고양원흥	128만 7000	9000	6000	고양시 원흥동, 도내동	콘텐츠, 미디어파크
하남미사	546만 6000	4만	3만	하남시 망월동, 풍산동, 덕풍동, 선동	한강변 청정녹색도시

서초우면지구는 서초, 과천, 평촌, 의왕 등 권역이 고급 주거지로 포진하고 있는데, 10년 후 훨씬 커진 신분당선 영향권에 포함돼 투자가치가 좋아 보인다. 다만, 도로 소음 등 주거 쾌적성은 염려되는 것이 사실이다. 과천, 평촌, 안양, 북수원, 군포방면 차량과 강남순환고속도로 등으로 잘못하면 주변의 일급주거지에 뒤처져 2등급 주거지로 전락할 수도 있다.

강남세곡지구는 규모도 크고, 용인~서울고속도로, 지하철 수서역을 통해 강남·송파·성남·판교·수지·광교 등으로의 접근성이 용이하다. 주거의 편리성과 쾌적성 모두가 균형 잡혀 보인다. 그러나 단지 형태가 도로와 접하는 단지 동쪽을 빼고는 남쪽, 북쪽, 서쪽 부분 모두가 기존 마을들을 감싸고 있는 단지 형태라서 기존주택과 조화문제가 있다.

하남 미사지구는 4만가구급의 대규모 설계에 따라 한강과 강변들판을 활용한 친환경 수변도시로 만들 수 있어서 미래 투자가치가 가장 높을 것으로 보인다. 지하철 5호선, 경춘고속도로, 향후 수상교통 수단 등을 기대할 수 있어 10년 후에는 타지역에 비해 그리 뒤떨어지지 않을 것이다. 은퇴 후까지를 노리면 이곳이 가장 좋은 보금자리가 될 수 있다.

고양 원흥지구는 주거의 쾌적성과 편리성 등 특색이 없다. 서대문구, 은평구, 일산, 파주 등으로의 전철 접근성이 개선될 가능성은 있다. 김포 · 양주 지역 등으로의 연계성이 좋아져 주거의 편리성은 무난할 것으로 보인다. 그러나 주변에 녹지가 부족해 단지설계 시 친수공간, 소규모 녹지 등을 확보하면서 쾌적성을 보충해야 할 것이다.

Q 보금자리주택은 사전예약체를 적용한다고 하던데 예약신청자의 자격과 선정 방식은 어떻게 되나?

A 무주택자로 기존 청약저축 가입자나 주택청약종합저축 가입자가 신청 자격이 있다. 주택공사 등이 후보로 내놓는 단지 중에서 1~3지망까지 고를 수 있다. 주공의 인터넷 홈페이지를 통해 예약을 신청하면 지역우선〉지망〉순위를 기준으로 예약당첨자를 선정한다. 먼저 지역 우선을 기준으로 지역별로 사전예약 물량을 배정하고 각 지망에 따라 순차적으로 현재 청약저축 입주자 선정기준을 적용한다. 선정기준은 무주택기간, 납입횟수, 저축액에 따른 순차제를 적용한다.

6) 뜨는 아파트 고르기

Q 내 집 마련할 때 가장 먼저 고려하는 것은 앞으로 집값이 오를 것인가 하는 것이다. 거주의 목적도 있지만 투자의 목적도 가지고 있기 때문인데 좋은 아파트를 고르는 노하우가 궁금하다.

A 일단, 평지에 세워지는 아파트를 구입하는 것이 유리하다. 영어로 "FLAT"한 아파트 인데 평지에 지은 아파트가 언덕위에 지은 아파트보다 가격상승요인이 더 많다. 비탈길에 지은 아파트나 언덕위에 지은 아파트보다 평지에 지은 아파트가 가격상승 가능성이 높다는 것은 비단 우리나라만의 상황은 아니어서 아파트가 많은 홍콩의 예를 들면, 홍콩섬 평지아파트와 구룡반도의 언덕위의 아파트는 가격차이가 많이 난다. 우리나라 부산의 경우를 보더라도, 해운대의 평지 아파트와 인근의 언덕위 아파트의 가격차이는 확연하다는 것을 쉽게 알 수 있다.

Q 뜨는 아파트 고르는 법 또 어떤 것이 있나?

A 아파트 투자는 접근부터 달라야 하는데 다음과 같이 몇가지 원칙을 소개하겠다.

1. 40대 주부의 시각으로 접근하라.
2. 지속적인 관심을 가지고 정책, 제도 변화와 같은 시상의 변화를 읽어라.

3. 직장의 위치를 고려하지 말고 거주와 투자를 정확히 구분하라.

4. 과거의 가격을 잊고 가격 상승할 경우 매입하라.

5. 교육시설, 저밀도지구, 지하철 개통 등 재료있는 단지를 선택하라.

6. 현장 답사, 모델하우스 방문 등을 부부가 함께 하라.

Q '40대 주부의 시각으로 접근하라'는 것을 구체적으로 설명한다면?

A 40대 주부의 시각은 5가지로 볼수 있다. 40대 주부의 경우 자녀는 사춘기이고, 배우자는 남편은 가장 일이 많은 시기일 가능성이 높아서 혼자 있는 시간이 많다. 따라서 쇼핑센터와 문화시설 등의 편의시절이 집중되어 있는 곳의 아파트 가격이 상승할 가능성이 높다.

둘째, 40대는 자녀교육에 관심이 많을 시기이다. 과거에는 학군을 중심으로 아파트 가격 상승 폭이 컸지만 지금은 유명학원(특목고를 잘 보내는 중학교, 학원)에서 가까운 지역의 아파트가 가격이 올라간다. 셋째, 아무래도 40대에 접어들게되면 걷는 것을 점차 싫어하게 되므로 역세권이나 각종 도로가 인접해있는 교통이 편리한 곳이 뜰 가능성이 높다.

넷째, 40대 주부는 건강을 생각한다. 조망권(집안에서 강, 공원, 산이 보이는 곳)이 가격 상승의 중요한 요소다. 다섯째, 40대 주부는 얼굴을 생각한다. 즉, 이왕이면 브랜드가 있는 아파트를 선호하게 되므로 이러한 아파트의 가격이 상승할 가능성이 높다.

Q 부동산 투자의 격언 중 하나가 '길을 따라 투자하면 실패하지 않는다'라는 말을 들은 적이 있는데?

A 그렇다. 교통이 좋아지는 지역에는 개발이 활발해져 사람들이 몰려들고, 집값과 땅값이 덩달아 올라왔던 사례가 많다. 이러한 점이 고속도로나 자동차 전용도로 나들목(IC) 주변, 주요 전철역사 부근의 아파트나 토지가 '투자 1순위'로 꼽히는 이유다.

서울 강남(강남 · 서초 · 송파구)을 최고의 주거 및 상업지역으로 끌어올린 것도 명문 학군 외에 잘 발달된 교통망의 역할이 컸다. 잘 발달된 간선도로와 지하철노선(2 · 3호선)이 '강남시대'를 열게 만든 일등공신 중 하나인 것이다. 경부고속도로가 성남 분당 · 판교, 용인 죽전, 화성 동탄, 수원 등을 '경부축'으로 묶어놓은 것도 같은 맥락이다.

시대는 변했지만 '길따라 투자'라는 부동산 재테크 공식은 여전히 깨지지 않고 있다. 요즘 같은 시기에 '길의 힘'은 여전하다. 도로나 전철이 '돈길'이 되는 만큼 실수요나 투자자들은 꼼꼼하게 살펴볼 필요가 있다.

Q 아무리 길이 뚫리는 것을 알더라도 너무 늦게 투자하면 소용이 없을 것이라고 생각되는데 어느 시점에 투자하는 것이 가장 좋은가?

A 개통을 앞둔 역세권이나 도로 주변 부동산값은 사업계획이 발표되는 시점과 착공할 때 두드러진 상승세가 나타나는 것이 일반적이다. 이미 호가가 지나

치게 올랐을 경우 기존 아파트보다는 세제 및 금융 혜택이 많은 미분양 물량에 관심을 갖는 게 낫다.

Q 그렇다면 반대로 부동산 투자 접근시 피해야 할 아파트는?

A 아무래도 가격상승이 거의 이뤄질 가능성이 없는 아파트는 피해야 할 것이다. 가격이 오르는 아파트의 형태를 역으로 생각하면 된다. 다음과 같은 아파트는 되도록 피하는 것이 좋다.

1. 나 홀로 아파트
2. 단지 진입로가 좁은 아파트
3. 평형이 작아 실거주 보다 세입자가 많은 아파트
4. 차, 기차 등 소음이 심한 아파트
5. 브랜드가 없는 건설회사가 시공한 아파트
6. 페인트 칠과 같은 외부 수리가 소홀한 아파트
7. 주변에 문화시설이 적은 아파트
8. 경사지에 위치한 아파트

7) 부동산 투자의 원칙

Q 부동산투자도 주식투자처럼 가치투자방식이 주류를 이룬다고 한다. 즉, 지금은 싸지만 장기적으로 큰 수익을 낼 부동산을 찾는다는 것인데, 부동산 투자의 원칙이 궁금하다.

A 모든 투자가 그렇듯이 투자 원칙을 세우는 것이 정말 중요하다. 부동산 투자도 예외는 아닌데, 부동산에 투자할 때 자신만의 원칙을 정하면 적어도 실패하지 않는 지름길을 찾을 수 있다.

일단, 부동산에 투자하려면 정보 수집을 게을리 해서는 안된다. 신문 등의 사회 부분이나 부동산 코너를 보면 어느 지역이 어떻게 개발되는지 다양한 소식을 접할 수 있다. 나와 상관없는 곳이라고 그냥 흘려보낼 것이 아니라, 중요한 내용은 스크랩하고 파일 등에 정리해 놓으면 향후 투자 여부를 결정할 때 도움을 받을 수 있다.

또 언론상의 뉴스가 나오면 이 뉴스가 해당 부동산에 어떤 영향을 줄 것인가를 생각하는 자세가 필요하다. 지금 살고 있는 곳에 평생 살 수도 있지만, 대부분 몇 번의 이사를 통해 거주하는 지역이 변하게 된다. 이사 가는 곳을 정하는 기준은 바로 그동안 모아 놓은 정보를 통해서 이루어져야 한다. 다른 곳에 비해 비교우위에 있는 곳으로 가는 것이 부동산 투자의 기본이기 때문이다.

또 해당 뉴스가 어느 지역 부동산에 어떤 영향을 줄 것인지 매번 생각하다보면, 단순히 어디가 개발된다는 소식을 접하기 이전에, 부동산 시장에 주고자 하는 정부의 의도 및 개발방향에 대하여 한발 정도는 빠를 수 있다. 이 때에는 가급적 지도를 펼쳐놓고 생각해보는 것이 중요하다. 도시계획자 입장에서 부동산을 생각해보면 유추해 낼 수 있는 능력이 생겨 투자에 성공할 수 있기 때문이다.

행복한 부자되기

212

Q 또 다른 원칙에 대해서 설명을 한다면?

A 또 다른 부동산투자의 원칙은 장기투자다. 단기투자는 부동산투자에 어울리지 않는다. 특히 부동산 투자에 익숙하지 않은 상태에서는 더욱더 장기투자를 선호해야 맞다. 부동산은 앞으로 어떻게 개발하겠다는 장기계획이 어느정도 표면화되어 시중에 이미 알려져 있다. 다만 장기투자를 요하기 때문에 그 효과가 당장 나타나지는 않지만, 어느 순간 투자하려는 주 세력이 나타날 때 부동산 가격은 상승하게 된다.

다만 그 상승시점을 잡기란 무척 힘들고 막대한 자금 또한 필요하기 때문에 개미투자자라면 미리 들어가서 자리잡는 방법이 최선이다. 즉 곰이 되어야만 그 과실을 먹을 수 있는 것이다. 남들이 뭐라 하던지 나는 이 부동산과 평생을 함께 하겠다는 각오로 투자에 임해야 성공할 수 있다.

Q 그런 관점에서 보니 내 주변에도 아파트를 10년 묵혀뒀더니 돈이 됐다는 분

들이 있는 것 같다. 세 번째 원칙은?

🅰 세 번째 원칙은 매수주체를 파악하는 것이다. 부동산을 선택할 때 투자의 관점에서 보면 과연 이 부동산을 누가 살 것인가를 파악하는 것이 중요하다. 내가 보는 관점보다 돈을 갖고 있는 다수가 보는 관점에서 생각해 보아야 한다. 주로 돈을 갖고 있는 재력가는 서울에 많이 살고 있고, 특히 서울에서 강남에 많이 있으며, 강남 밑에는 분당이 있고, 그 분당 밑에는 용인이 있다는 단순한 논리가 오히려 부동산 투자의 방향을 선택하는 좋은 예라 할 수 있다. 돈이 있는 사람이 과연 이 부동산을 좋아할까를 늘 생각해 봐라.

네 번째 원칙은 투자하는 나 자신을 믿어야 한다. 귀가 얇아서는 부동산 투자에 성공하기 힘들다. 물론 섣부르게 투자했다가 성공하는 경우도 있지만, 대부분은 투자에 실패하게 된다. 정보습득에서 투자하기까지 철저히 객관적으로 분석하는 것이 필요하다. 이 때에는 투자의 경험이 많은 사람들의 조언을 얻는 것도 바람직하다. 하지만 전문가의 조언도 하나의 의견일 뿐, 발품을 팔아가며, 누구보다 이 부동산에 대하여는 내가 많이 알고 있다는 자신감이 붙은 상태에서 투자를 마음먹었다면, 자기 자신을 믿고 투자해야 한다.

❓ 부동산원칙에 공감이 절로 간다. 다섯 번째 원칙은?

🅰 다섯 번째 원칙은 부동산 업체(중개업소)를 가장 먼저 찾아가라는 것이다. 신문과 인터넷 등으로 간단한 투자정보를 습득하고, 발품을 충분히 팔아 매물의 여건, 앞으로의 호재 등을 파악하고, 부동산업체(중개업소) 방문 전 지갑

에는 계약금을 준비하고 언제든지 좋은 물건이 있으면 투자한다는 생각으로 방문하는 것이 필요하다.

부동산 컨설턴트와 어떤 대화를 하더라도 내가 가진 정보에 대한 확실한 분석이 되었다면 물건에 대해 좋고 나쁨을 구별 할 수 있을 것이다. 또한 부동산 컨설턴트와 좋은 유대관계를 맺게 된다면 좋은 투자처를 소개 받을 수 있다. 몇 군데 부동산업체를 방문하다 보면 그 업체가 정통하면서 자신에게 성의를 보이는 곳이 있을 것이다.

Q 부동산 투자시에는 대출을 받는 경우가 많다. 대출 관계도 부동산 투자원칙에 포함되나?

A 여섯째, 대출받는 것도 공부해야 한다. 자금계획을 세울 때 자기자본이 충분하다면 별문제가 없겠지만, 대부분 대출이란 것을 생각한다. 그런데 평소 내가 동원 할 수 있는 자금이 얼마까지인지 모르는 경우가 많다. 내 신용과 담보로 과연 얼마까지 대출을 받을 수 있는지 생각해 보고, 직접 은행에 문의하여 평소 빌릴 수 있는 자금의 규모를 챙겨두면 도움이 될 것이다. 자금 동원에 대한 분석이 끝나있어야 어느 정도까지 투자가 가능한지 계산이 되고, 내가 투자할 수 있는 물건에 관심을 둘 수 있다.

일곱째, 부동산 투자에 조금이라도 고민이 있다면 충분한 시간을 두고 생각하는 자세가 필요하다. 예를 들어 투자하고 싶은 부동산은 있는데 자금이 부족하다든지, 과연 내가 올바른 투자방향을 갖고 있는지 등 풀리지 않는 문제가 생겼을 경우 포기하지 말고 어떻게 해야할지 고민해야 한다. 부동산 투자는 목돈이 들어가고 한번 자금이 투여되면 환금성이 다른 투자처에 비해 떨어지는 단점이 있다. 따라서 성급한 투자 결정은 독이 될 수 있음을 명심히고 충분한 시간을 두고 결정을 내려야 한다.

Q 부동산 투자의 신중성까지 말씀하셨는데 나머지 원칙을 정리한다면?

A 여덟째, 상식을 벗어나야 한다. 역발상 이라는 것 또한 상식을 벗어나는 것으로 볼 수 있다. 상식을 벗어난다는 것은 일반 대중과 차별화 되는 전략이다. 대중과 차별화 하는 전략이 있을 경우 성공 확률은 높아진다. 남들보다 앞서 움직인다든지, 자금이 풍부하다든지, 고급정보를 접 할 수 있다든지, 심리전에 강하다든지 등등 나만의 투자전략을 세워야 한다. 누군가의 투자전략을 모방하는 것도 좋은 전략이다. 대중의 생각을 읽고 행동을 전혀 반대로 움직이는 것도 상식을 벗어나는 좋은 방법이라 할 수 있다.

아홉째, 때로는 과감해질 필요가 있다. 과실은 씨를 뿌린 자의 몫이라는 것을 명심하자. 씨를 뿌리지도 않고 결실을 바라면 안된다. 단순하고 과감하게 투자하는 사람들이 돈을 버는 것이 부동산 분야이다. 생각을 많이 해야 하지만, 너무 오랜 시간 생각하다보면 좋지 않은 결과로 나타날 수 있다. 부동산 투자에 초보라면 작은 것부터 시작해보는 것이 좋다. 책으로 접하는 것과 발로 습득하는 것은 다르다는 것을 명심하고 배우는 자세로 임하다보면 부동산 투자에 성공할 수 있을 것이다.

8) 전세 구하는 요령

Q 최근 수도권을 중심으로 전세 가격이 불안하다. 서민들이 살 집을 구하는데 어려움을 겪고 있다고 하는데, 전세를 구하는 요령이 궁금하다.

A 사실 서울과 수도권을 중심으로 전세금이 뛰고 있지만, 자녀 교육이나 직장, 결혼 등 불가피한 이유로 전세를 얻어야 하는 사람들의 입장에서는 딱히 해결책이 없는 것이 사실이다. 하지만 전세물량이 많은 단지나 지역을 노리면 저렴하게 전세를 구할 수 있다. 또 주목을 덜 받는 비인기 단지 가운데 교통여건이 양호한 곳도 저렴한 보증금으로 전셋집을 구하는 방법이다.

Q 서민들의 입장에서는 이와 같은 전세 구하기는 절박한데 어떤 아파트를 구하는 것이 좋을까?

A 전세물량이 쏟아지는 곳은 신규 입주하는 대단지, 그리고 전세 계약이 끝나는 입주 2년과 4년차 아파트가 싸게 구할 수 있는 전세집이다. 특히 공급물량이 많지만 기반시설이 완전히 갖춰지지 않았을 경우 전세금이 주변 지역에 비해 저렴한 편이니 참고하면 좋겠다.

Q 지금 살고 있는 전세 계약이 끝났는데 전세값이 올랐다면 어떻게 해야 할까?

A 일단, 집주인과 적당히 가격조건을 맞춰 재계약을 하는 것이 최선이다. 재계약하면 통상 1,000만~2,000만원 정도 싸게 전세집을 구하는 것과 같다. 이유는 집주인 입장에서 생각해보면 알 수 있다. 김모씨의 예를 들면 집주인이 2억원에 새로운 세입자를 구하려면 중개수수료(전세 1억~3억원 중개수수료는 0.3%)가 60만원, 도배나 장판 교체, 집 수리 비용을 부담해야 하기 때문에 100만~200만원이 들어간다. 이 정도의 이자소득을 얻으려면 금리를 연 5%로 했을 때 2년간 1,000만~2,000만원 정도가 필요하다. 결국 이 금액만큼 싸게 해줘도 손해볼 일이 없다는 얘기다.

김씨 입장에서도 최악의 경우 집주인이 주변시세만큼 보증금을 올려달라고 해도 2억원을 주고 다른 집으로 옮기는 것보다 재계약이 유리하다. 김씨 역시 중개수수료가 더 들고 이사비용 등으로 통상 200만원 정도는 써야 한다. 금리 연 5%를 적용하면 2,000만 이상의 전세보증금을 올려주는 것과 비슷한 액수다. 결론적으로 재계약하는 것이 세입자나 집주인에게 서로 유리하다.

Q 재계약 시점이 돌아왔는데도 집주인이 가만히 있는 경우는 어떻게 되나?

A 이런 경우를 묵시적 갱신이라고 하는데, 계약 만료 1개월 전까지 별다른 요구가 없으면 세입자는 2년간 추가로 살 수 있는 법적인 권리를 갖게 된다. 의무적으로 살아야 할 필요도 없어서 2년 동안 원할 때면 언제나 집을 비울수 있다. 단, 이 경우에는 이사하기 3개월 전에 집 주인에게 전세보증금을 돌려달라고 요구해야 한다.

9) 재건축 아파트의 투자가치

Q 우리나라 부동산의 경우 특히 서울지역 아파트의 시세를 주도한 것은 다름아
닌 강남재건축아파트였다. 재건축 아파트에 대한 관심이 높은 이유는?

A 재건축에 시장의 관심이 집중된 것은 무엇보다 큰 폭의 집값 오름세 때문이
다. 강남권 집값은 2000년 3.3㎡당 1,000만원을 돌파했고, 2003년 재건축
급등으로 3.3㎡당 2000만원을 넘어섰다. 현재 강남구 개포동 주공1단지의
경우 3.3㎡당 6,000만~7,000만원대로 재건축아파트 가격 상승은 가파르게
진행됐다.

지금까지 재건축이 이루어진 단지는 대부분 5층 이하, 소형 평형 중심의 아파
트로 이들 단지는 용적률이 높아지면서 고층 아파트로 변신했고 50㎡대의 좁
은 아파트가 쾌적한 중대형 아파트로 바뀌었다. 재건축으로 늘어난 아파트는
일반분양해 조합원들이 이익을 나눠 가졌다.

Q 재건축아파트의 가격상승은 어떻게 나타나는가?

A 재건축은 3단계로 진행되는데 단계마다 집값은 오른다. 우선 재건축사업추진
위원회가 결성될 때 한 차례 상승하는데 기존 용적률과 허용 용적률의 차이
만큼 개발이익으로 확정되어 개발 평형과 가구 수가 늘어난다는 계산이 나오
기 때문이다.

2단계 상승은 안전진단 통과 이후 사업추진이 본격화되는 시기에 나타나는데 안전진단 통과, 조합설립 인가, 건축심의, 사업승인 등 절차가 진행되면서 불확실성이 제거되기 때문이다.

3단계로 사업착공후 일반분양 시점에서 가격이 오르는데 향후 주택가격 상승 기대감이 높을수록, 시공사의 브랜드 이미지가 높을수록 상승 폭이 커진다. 반대로 사업추진 기대감 반영이 끝나거나 정부의 규제대책이 쏟아지면 가격이 하락세로 돌아기도 한다.

재건축 진행단계와 가격상승 구조

재건축아파트도 저층 재건축아파트와 중층 재건축아파트로 나누던데 어떤 것이 유리한가?

A 재건축 아파트가 인기가 높은 것은 살기 위한 집보다는 투자 상품의 성격을 띠고 있기 때문이다. 재건축아파트는 현 시세와 재건축 후 배정받게 될 평형, 주변 아파트 시세 등을 따져볼 경우 어렵지 않게 수익률을 계산할 수 있다.

재건축은 일반적으로 5층 이상의 중층재건축아파트와 5층 이하의 저층재건축 아파트로 나누는데, 5층 이상의 중층 재건축 단지는 소형평형 의무비율 때문에 재건축 추진이 쉽지 않은 반면, 저층 재건축단지와 대지지분이 넓은 아파트는 투가가치가 높다. 재건축이 가능한 단지가 많지 않아서 오히려 희소성이 크기 때문이다.

Q 중층 재건축아파트의 경우 투자가치는 어떠한가?

A MB정부와 지자체는 주택경기 회복을 위해 서울, 수도권의 재건축 · 재개발 관련 규제를 지속적으로 풀어왔지만, 재건축의 가격 불안이 심상치 않자 각종 규제가 원점으로 돌아오고 있다.

특히 서울시는 조례를 개정해 재건축 되는 전체 가구 수의 20%를 전용 60㎡ 이하로 짓는 종전 기준을 되살렸는데, 정부가 완화한 소형평형의무비율 기준이 서울주택시장 현실에 맞지 않는다고 판단했기 때문이다. 중대형 평형이 대부분인 재건축 아파트는 용적률이 높아지더라도 그만큼 사업성이 떨어질 수밖에 없다.

이외에도 용적률 상한치 적용의무화와 늘어나는 용적률의 50%를 보금자리주택으로 지어 초과이익을 환수하는 등의 규제 때문에 투자가치는 많이 떨어진다고 볼 수 있다.

Q 재건축 조합원 지위양도 등이 가능해져서 오히려 거래가 활발해질 것이라는 분석도 있던데?

A 과거 도시정비법은 투기과열지구에서 조합설립인가 뒤 3년 이상 사업시행인가가 없거나 사업시행인가 뒤 3년 이상 착공에 들어가지 못한 경우, 또 5년 이상 해당주택을 소유한 조합원에게만 지위양도를 허용하고 있다. 하지만 법이 개정되면서 3년이던 제한 규정을 모두 2년으로 줄이고, 5년 의무보유 규정도 2년으로 줄여 조합원 지위양도 규제를 대폭 완화했다.

재건축 거래 발목을 잡던 조합원 지위양도가 가능해지면서 당장은 자금 압박에 시달려온 급매물이 늘겠지만 장기적으로는 재건축 집값 상승의 호재란 분석이 많다. 또한 정부가 1:1 재건축을 허용해주면서 재건축 활성화의 길을 열어 준 상황이다.

Q 1대1 재건축이라는 것은 뭔가?

A 최근 강남재건축시장에서는 1대1 재건축이 활발해지고 있다. 중층 노후 단지의 1대 1 재건축이 활발해진 데는 정부가 용적률을 크게 완화하면서 개별 가구의 면적 증가가 가능해졌기 때문이다. 특히 정부는 재건축 규제를 완화하면서 전용면적 10%까지 넓히는 것도 1대 1 재건축으로 간주키로 해, 중층 재건축단지의 사업추진에 물꼬를 터줬다.

1대1 재건축의 경우 소형평형의무비율이 적용되지 않는다는 점도 장점으로 꼽힌다. 조합원 분양주택에 한해 주거전용면적이 10% 범위 내에서만 증가하는 1대1 재건축은 소형주택을 짓지 않아도 된다. 1대1 재건축을 통하면 중층 아파트가 살아날 방법을 얼마든지 찾을 수 있다. 소형의무비율도 피하고 기존 주택보다 10% 정도 더 크게 새 아파트를 가질 수 있는 것이다. 정부의 용적률 완화로 재건축 연면적도 크게 늘면서 일반분양분도 많아져 조합원 부담도 줄어들 것으로 예상된다.

5.

보험

사람이기 때문에 발생할 수 있는 위험은 너무도 많다. 소득원이 갑작스레 사고를 당할수도 있고, 가족 중 누군가 암과 같은 질병에 걸릴수도 있으며, 본의아니게 다른 사람에게 재산상의 손해를 입혀 배상책임이 발생할수도 있다. 누구에게나 해당될 수 있는 이러한 위험에 대해 효과적으로 대처할 수 있는 보험 관리법을 알아보자.

1) 자동차보험 절약요령

Q 최근 자동차 보험 적정 정비 요금이 인상되면서 자동차 보험료가 오르는 것 같던데?

A 국토해양부가 보험회사와 정비사업자 간의 분쟁을 막기 위해 자동차 보험 적정 정비요금 수준을 올리면서 자동차 보험료가 오르고 있다. 통상 정비요금이 1,000원 오르면 자동차 보험료가 1% 인상 요인이 생기므로, 정비요금이 인상되면 자동차 보험료는 그에 따라 지속적으로 인상된다고 보면된다. 평균 3.4% 인상될 것으로 예상된다.

Q 정비요금 인상 뿐만 아니라 자동차 보험 할인 혜택이 축소되면서 자동차 보험료가 인상될 것으로 보는 시각도 있던데?

A 정비 요금 인상과는 별도로 보험개발원은 '자동차보험 특별 요율 변경안'을 통해 할인 혜택을 없애거나 축소했다. 우선 자동변속기 차량 운전자에 대한 할인 혜택이 없어졌다. 현재 자동 변속기 차량에 대해서 대부분의 보험회사에서 3% 정도 할인 혜택을 주고 있는데 이것이 없어진 것이다. 또한, ABS 장착 차량에 대한 보험료 할인 폭도 과거 3%에서 1.5%로 축소되었다.

또한 자동차 보험 손해율도 오르고 있어 보험료 인상 요구가 강해지고 있는 것이 사실이다. 손해율은 보험회사가 거둬들인 자동차 보험료 중에서 교통사고 등이 발생했을 때 피해자에게 지급하는 보험금의 비율이다. 손해율이 높아지면 영업비용이 커져 보험사의 적자 요인이 되며, 보험사는 이를 근거로 자동차 보험료를 올리게 된다.

Q 필수적으로 가입해야하는 보험인만큼 보험료를 줄이기 위한 전략을 세워야 할 것 같은데 ?

A 우선 '요일제 자동차보험(특약)'을 눈여겨볼만 하다. 대부분의 경우에는 개인에게 차량이 있다하더라도 매일 같이 운행하지는 않는데, 특히 고정적으로 차량을 운행하지 않는 요일이 있는 운전자라면 이 특약을 통해 자동차 보험료를 줄일 수 있다.

Q 요일제 자동차보험 특약에 대해 보다 자세히 설명한다면?

A 일단, 운전자가 월요일부터 금요일 중에서 하나를 지정하고, 이 요일에 차를 운행하지 않을 경우 보험료의 8.7%를 만기에 환급해주는 특약이다. 예를 들어, 자동차 보험료로 60만원을 냈다면 요일제 방식을 통해 52,000원 정도를 할인받을 수 있을 것이다.

이 특약에 가입할 경우 약정한 요일엔 오전 7시부터 오후 10시까지 차량을 운전해서는 안된다. 만약 약정 요일에 운행을 하다 사고가 날 경우 보험처리는 받을 수 있지만 다음해에는 보험료 특별 할증이 적용된다.

다만 법정 공휴일인 경우에는 차량을 운행해도 무방하며, 1년에 3일까지는 약정 요일에 운행을 하더라도 보험료 할인을 받을 수 있다. 신규가입자는 물론, 기존 가입자의 경우에도 보험 만기가 3개월 이상 남아있다면 요일제 특약에 가입할 수 있으니 참고하면 좋을 것이다.

Q 보험회사에서는 보험 가입자가 차량의 운전 여부를 어떻게 파악하나?

A 이 특약에 가입하기 위해서는 먼저 운행정보확인장치(일명 OBD)를 필수적으로 장착해야 한다. OBD 단말기는 요일제 준수 여부를 확인하기 위해 차량에 부착하는 장치로, 계약자 본인이 구입해 차량에 장착해야 하며, 단말기 관련 정보를 정해진 기일 안에 보험회사 홈페이지에 등록해야 한다.

OBD 단말기는 49,500원으로 장비구입 비용이 부담될 수 있지만, 요일제만 잘 지키면 향후 수년 간 보험료를 연속해서 할인받을 수 있으니 결론적으로 이득이다. 단, OBD 단말기의 경우 현재 외제차와 일부 국산 차량에 대해서는 장착이 불가능하니 가입 전에 충분히 알아보는 것이 좋다.

Q 이 외에 자동차 보험료를 줄일 수 있는 방법이 있다면?

A 우선, 자동차 보험 비교 견적을 충분히 활용하는 것이 좋다. 자동차 보험의 경우 기존 가입했던 보험사의 안내에 따라 가입하는 경우가 많은데, 2001년 8월 자동차 보험료의 자유화가 시작된 이후, 각 보험사는 요율에 따라 수시로 보험료를 조정하고 있으며, 동일한 특약이더라도 보험료가 최대 35%까지 차이가 난다. 따라서 조금 귀찮더라도 자동차비교견적사이트를 통해 보험료 수준을 검토한 후 손해보험사를 선택하는 것이 바람직하다.

둘째, 흔히 '자차'라고 하는 자기차량손해특약에서 자기부담금을 높이는 방법이 있다. 자기부담금이란 차량사고시 보험가입자가 일정한 금액을 부담하고 나머지는 보험회사가 부담하는 제도이다. 자기차량손해특약의 보험료 자체가 높을 뿐 아니라 자기부담금 수준에 따라 보험료 차이가 크므로, 평소 운전경험이 많고 안전운전을 하는 운전자의 경우 자기부담금을 높여 보험료를 절약할 수 있다.

셋째, 보험가입 후 연령이 변경될 경우 자동차 보험료를 환급받는 방법이 있다. 일반적으로 운전자의 연령이 낮을수록 사고의 위험이 높기 때문에 운전자 범위에 해당하는 사람 중 최저 연령이 낮을수록 자동차보험료는 비싸진다. 예를 들어 운전자 범위에 속한 자녀가 군대 또는 유학 등으로 운전을 하지 않게되어 최저 연령이 올라간 경우나, 본인의 만 나이가 올라가서 연령특약이 변경되는 경우에는 보험사에 연락해서 보험료를 환급받을 수 있다. 다만 운전자 연령 특약이 올라갈 경우, 이에 해당되지 않는 사람이 운전을 한 경우에는 대인배상 외에는 보상 받지 못하므로 운전자 연령특약을 변경할 때에는 신중하게 결정해야 한다.

이 외에 자동차보험과 관련하여 달라지는 제도를 소개한다면?

우선 가벼운 접촉사고가 발생했을 때 운전자끼리 신속하게 처리할 수 있는 제도가 생겼다. 표준 사고처리 서식이 바로 그것이다. 지금까지는 가벼운 접촉사고가 발생하더라도 보험사 직원을 부르고 기다리다 심각한 교통정체를 일으키고, 과태료까지 발생하는 경우가 대부분이었다.

하지만, 사고가 발생했을 때 이 서식에 차량번호와 운전자 인적사항, 탑승인원, 파손 정도 등을 적은 뒤 서명하여 보험사에 보내면, 보험금을 받을 수 있다. 이 서식은 손해보험협회에서 구할 수 있으며, 의무사항은 아니기 때문에 예전처럼 보험사에 전화를 걸어서 사고처리를 받을 수도 있다.

또한 교통신호나 차량 제한속도를 연간 2회 이상 위반하면 범칙금 납부에 관계없이 자동차 보험료를 5~10% 더 내게된다. 과거에는 교통 법규 위반 후 범칙금을 납부하지 않고 버틸 경우 보험료가 할증되지 않는 폐단이 있었는데 최근 변경되었다.

교통법규 위반은 '범칙금+벌점+보험료인상' 이라는 점을 명심하고 안전운전하기를 바란다.

2) 건강보험

Q 예전에는 60세나 70세가 되면 노인으로 여겨졌으나 이제는 80세 청년시대라고 할 정도로 장수하는 사람이 많아진 고령화 사회로 접어들었다. 100세까지 건강하게 오래 사는 것이 필요한데, 요즘 고가의 진료비까지 병원비의 본인부담금을 전액 보장해주는 '의료실비보험'이 주목 받고 있다. 어떤 보험인가?

A 최근 가장 많이 언론에 노출이 되면서, 인지도가 높아진 건강보험이 있다면 바로 손해보험의 실손의료비보험을 들 수 있다. 가장 특징적이라 할 수 있는 것은 병원에 입원이나 치료를 받았을 때 5,000만원(가입한도 결정)한도에서 건강보험 부담금을 제외한 본인부담금을 90%까지 책임져 주는 보험인데, 입원실료, 수술비, 치료비 등 병원제비용을 보장해줄 뿐 아니라 암, 뇌혈관질환, 심장관련 질환 등 성인병에 대해서도 특약으로 보장이 가능한 보험이다.

Q 신문이나 홈쇼핑에서 건강보험에 대한 광고가 많이 나오는데, 도대체 무슨 말인지 이해하기가 참 어려운 거 같다. 건강보험을 쉽게 설명해주신다면?

A 우선 건강보험은 암이나 뇌졸중, 심혈관질환 등의 질병이 확정된 경우에 지급하는 진단자금, 수술의 중요도에 따른 1종, 2종, 3종 수술시 수술자금, 병원 입원시 지급하는 1일당 입원비보장 등을 정해진 금액으로 지급하는 정액형 보험이 있으며, 흔히 암보험, 성인병 보장보험, 5대 질병보험 등의 형태로 판매되고 있다.

반면 병원에서 치료를 받으면 치료비중 본인부담금만큼을 가입한 보험금의 한도 내에서 보험회사가 90% 책임져주는 실손의료비보험이 있다. 물론 정액형과 실손형을 따로 가입해야하는 것은 아니고, 이 두 가지 형태를 한 상품으로 가입을 할 수가 있다. 또한 취급하는 보험회사가 생명보험사냐 손해보험사냐에 따라 보장범위가 달라진다는 점 때문에 선택시 신중해야 한다.

Q 그렇다면 실손보험과 정액지급형 보험 모두를 선택하는 것이 필요하다는 얘기가?

A 생명보험사건 손해보험사건 최근에는 실손의료비보험에 암이나 3대성인병 진단자금에 대한 보장을 특약으로 선택할 수 있으며 암보험 등의 건강보험에 실손의료비보장을 특약으로 가입하는 방법을 선택할 수가 있다. 이 경우에는 각각 다른 상품에 가입하는 것보다 보험료를 낮출 수 있어 큰 부담없이 저렴하게 가입할 수 있다.

Q 하지만 아무리 좋은 보험이라도 제대로 읽고 가입하는 것이 중요할텐데, 건

강보험의 올바른 선택요령은?

A 첫째, 일찍 가입하고 반드시 고지의무를 지켜라. 건강보험 등 대부분의 보험 상품은 최근 5년 이내에 질병치료를 받았거나 현재 치료중인 경우 가입이 어렵다. 가입 이후에 모든 질병에 대해 보장이 시작되기 때문에 아프기 전에 가입해두는 것이 좋다. 또한 가입할 경우에도 고지의무를 잘 지켜서 보험료만 내고 보장을 못 받는 사태가 발생하지 않도록 해야 한다.

둘째, 의료비 보장금액 한도가 높은 상품을 찾아라. 건강보험은 평생 보장받는 장기 상품이라서 병원비에 대한 인플레이션까지 고려해서 가입해야 한다. 따라서 입원의료비를 5,000만원 한도로, 통원의료비는 30만원 한도로 가입하는 것이 좋다.

셋째, 보험사의 의료비 지급 면책조항이 적은 상품을 선택하라.
약관상의 면책 조항을 꼼꼼히 확인하는 것이 필요한데, 면책조항이란 보험회사가 보장을 하지 않는 내용으로 치과 치료 및 한방병원에서의 통원치료 및 보신용 약재, 미모를 위한 성형수술, 정상 분만 및 제왕절개 수술, 의료보조기 구입 및 대체비용, 비뇨기계 장애 및 직장 또는 항문 관련 질환, 상급병실 차액 50%지급 (2인병실기준), 자동차보험 산재보험의 의료비(자동차보험, 산재보험에서 보장) 등의 경우 건강보험에서는 거의 모든 회사가 공통적으로 보장해주지 않으므로 이러한 사항을 확인해보는 것이 필요하다.

넷째, 보장기간과 갱신조건을 따져 보고 가입하라.
기존의 보험은 60세 만기 상품이 많았으나 최근에는 80세 만기, 90세 만기,

100세 만기 상품이 많이 출시되어 100세까지 의료비 보장을 받을 수 있다. 평균수명 100세 시대를 대비해서 보장기간이 가능한 긴 것을 선택 하는 것이 좋다. 또한 보통 손해보험은 가입 후 3년 단위로 갱신이 이루어 지는데 3년 단위의 화폐가치 또는 의료비 등에 따라 보험료가 재조정된다는 점을 기억해서 80세, 90세까지 갱신이 까다롭지 않은 보험을 선택하는 것이 좋다.

Q 중복보상은 보장을 받을 수 없다고 하던데?

A 일부 맞는 말이므로, 특약의 중복보상 여부를 확인해야 한다.

실손보험의 경우 정액형 보험과는 달리 본인이 부담한 병원비를 보상받는다. 이러한 실손보험을 한 사람이 2-3개를 가입한다고 해서 보험금을 2-3배로 받는 것이 아니라, 회사별 가입금액에 따라 비례보상되니 반드시 이러한 실손보험 중복 여부는 확인해야 한다.

다만 이미 가입한 상품의 보장금액이 협소하거나 보장기간이 짧을 경우, 또 보장 대상이 질병과 상해의 구분이 있거나 입원과 통원을 모두 보장하지 않는 경우라면 정리하고 새로 가입하는 것이 현명한 방법이다. 손해보험에서는 부족해서 추가적으로 가입한다고 해도 부족한 부분을 채운다고 보지 않기 때문이다. 따라서 실손보험에 가입할 때는 반드시 손해보험협회 홈페이지(www.knia.co.kr)를 방문하여 기계약 여부를 확인해보는 것이 필요하다.

3) 치아보험

Q 현대인의 식생활 변화에 따라 현대인의 치아 수명이 점점 짧아지고 있다. 하
지만 치과치료에 대한 사람들의 인식은 비싼 치료비를 의식하여 오히려 병을
키우는 경우가 많은데 이를 보험으로 해결할 수 있나?

A 고령화 시대가 되고 수명이 늘어나면서 그만큼 치아의 건강과 치아수명이 중
요해지고 있다. 특히, 임플란트 시술이 일반화 되면서 건강한 본래의 치아에
문제가 생기더라도 대체할 수 있는 방법이 있다는 생각이 많이 자리를 잡아
서인지 적은 비용이 아닌데도 임플란트 시술에 대한 요구는 갈수록 높아지고
있다. 그 만큼 많은 사람들의 걱정거리가 치아가 되어버렸다는 뜻이다. 이런
문제를 해결할 수 있도록 한 보험이 치아보험이다.

치아보험은 1만~3만원대의 저렴한 보험료로 건강보험이 적용되지 않는 임플
란트, 브릿지(옆 치아를 이용해 인공치아를 연결하는 것), 틀니 등 3대 고액
보철 치료를 집중 보장한다.

Q 치아보험도 종류에 따라 보장하는 내용이 다를 것 같은데?

A 치아보험은 일반적으로 고액의 치료비가 들어가는 치아보험과 전반적인 치
과치료를 적은 금액으로 보장하는 보험으로 구분된다. 예를 들어 국민건강보
험에서 지원하지 않는 치과 진료 중 임플란트 · 브릿지 · 틀니 치료 등 고액의

치료비를 보장해주는 보험의 경우 임플란트와 틀니는 100만원, 브리지는 50만원의 보험금을 지급한다.

또 다른 치아보험은 보편적인 치과 진료에 대해 보장해 주는데 보험료가 1만~2만원대로 저렴한 대신, 고액 치료비가 드는 보장 혜택은 받지 못한다. 치과 진료를 위한 종합구강검진(1회한, 3500원)에서부터 발치(매복 치아당 2만1000원)·아말감(치아당 7500원)·레진(치아당 5만원) 등을 보상한다. 치석 제거용 스케일링도 연 1회에 한해 4만원 정액을 보장받을 수 있다(단, 계약일로부터 90일 이후).

치아보험 비교

	A보험사 치아사랑보험	B보험사 치아안심보험
보장내용	임플란트, 틀니, 브릿지 등 고액보장	충치, 잇몸병, 스케일링 등 전반적인 치과치료보장

Q 치아보험은 치과치료에 대해서 보장해주는 보험이라는 것은 이해가 됐고, 고액치료비보장이냐, 전반적인 치과치료보장이냐에 따라 선택할 수 있다는 것인데 장, 단점을 비교한다면?

A 첫째, 고액의 치료비를 보장해주는 보험은 임플란트나 틀니 등의 치료에 고액을 보장해주지만 연간 3개에 한해 보장하고, 영구치를 발치하는 경우만 보장한다.

적용하는 시기도 1년 이내는 보장이 안되며, 사고로 치아를 다친 경우는 보장되지 않는다.

	장점	단점
보장내용	임플란트 100만원, 틀니 100만원, 브릿지 50만원	연간 3개, 영구치를 발치하는 경우에 한함
적용시기	가입 2년후 100%, 가입 2년미만 50%	1년이내 보장 안됨, 사고로 인한 경우 보장되지 않음

둘째, 전반적인 치과치료를 보장하는 보험은 전반적인 치과치료를 지원하는 대신 고액치료비가 들어가는 임플란트, 틀니 등을 보장하지 않으며, 예방차원의 스케일링도 보장되지 않는다. 또한 가입 후 90일 이후에 보장이 시작된다는 점을 참고해야 한다.

	장점	단점
보장내용	충치, 잇몸병, 스케일링 등 전반적인 치과치료 지원	임플란트, 틀니 등 고액보철 보장 안됨, 치과치료목적이 아닌 예방차원 스케일링은 보장안됨
적용시기	가입 90일이후 보장	

Ｑ 치아보험을 선택할 때 신경써야 하는 것이 가입조건일텐데?

Ａ 고액 치료를 보장하는 보험은 가입 연령은 20~50세이며, 5년마다 보험료가 자동 갱신된다. 단 계약 갱신일이 55세라면 최대 60세까지만 보장받을 수 있다.

전반적인 치과치료를 보장하는 보험은 만 1~55세가 가입 대상으로 누구나 55세 이전에는 가입할 수 있고, 만기는 1년이다. 최초 가입 후 5회까지 자동 갱신되므로 5년 후에는 신규로 재가입을 해야 한다.

Ⓠ 홈쇼핑이나 은행에서 치아보험이 인기인데, 치아보험을 가입하면서 놓쳐서는 안될 조건이 있다면?

Ⓐ 고액의 치료비를 보장해주는 치아 보험은 가입 직후 바로 보장받을 수 없다. 가입 후 1년이 지난 후부터는 보장 금액의 50%를, 가입 후 2년이 지난 후에 100%를 지급한다. 단, 충치와 잇몸질환의 원인으로 영구치를 발치해야만 보상받을 수 있다. 치아가 없거나 치근만 남아 있는 경우, 사고로 인한 치료의 경우에는 보장하지 않는다. 즉, 이가 썩어서 뽑아야만 그 자리에 들어갈 보철물을 보장해주는 것이다.

전반적인 치과치료를 보장하는 치아 보험은 스케일링을 연 1회 4만원까지 보장하는데, 이는 '치료가 목적'이라는 단서가 붙는다. 예방적인 차원의 스케일링은 보장받을 수 없는 셈이다. 또 치과치료의 경우 질병과 상해 구분없이 보장되나, 질병으로 기인한 경우 가입 후 90일이 지난 뒤부터 보장된다. 최고 보장 금액은 3천500원부터 5만원까지로 적은 편이므로 충치치료 후 금으로 때울 경우 최고 한도 5만원만 지원받을 수 있다. 연간 100만원 한도 내에서 보장하며 1년 만기 자동갱신이지만, 5회 밖에 갱신되지 않는 점을 기억해야 한다

Q 그렇다면 정말 꼼꼼하게 따져보고 가입해야 할 텐데, 선택시 주의할 사항을 조언한다면?

A 향후 10년 이내에 임플란트, 브리지, 틀니를 하게 될 가능성이 높다고 판단되고, 2년 이내에 급하게 해야 할 상황은 아니지만 가입시 충치가 있어 의사의 치료 권고를 받았거나, 이미 치아를 뽑은 경우가 아니라면, 가입 후 일부 금액을 도움 받을 수 있다. 그러나 지금 당장은 필요하지 않지만, 나중을 위해 미리 가입하는 것은 다른 사람들의 보험 청구비용을 대주는 셈이니 신중해야 한다.

또한 현재 충치 혹은 잇몸질환을 앓고 있다면 치아보험에 가입이 어렵고, 이를 고지하지 않고 가입할 경우 향후 보험금을 못 받을 수도 있다. 여느 보험처럼 가입 전 고지의무를 반드시 사실대로 해야 한다는 점을 꼭 살펴야 하며, 계약 갱신시 보험료가 인상될 수 있다는 점은 염두에 두어야 한다.

4) 암보험

Q 현대인의 불규칙한 식생활과 스트레스는 한국인 4명중 1명꼴로 암에 걸리게 하고 한국인 사망원인 1위로 만들었다고 한다. 이런 암환자 10명중 4명이 경제적 문제로 어렵다고 하는데?

A 암에 걸리는 통계치는 계속 높아져 가고 있는데, 막상 암에 걸리면 가장 큰 걱정이 병원비일 것이다. 통계청 자료에 따르면 암환자 1인당 1년 치료비 부담액이 평균 5천 2백만원으로 나올만큼 엄청난 돈이 필요하다. 따라서 암보험은 현대인에겐 반드시 필요한 생필품이라고 할 수 있다. 암보험은 암진단 시 진단금과 암치료시 발생하는 수술, 입원비 등 암 발병에 따른 각종 비용을 종합적으로 보장하는 보험 상품이기 때문이다.

Q 그런데 언론기사를 보면, 암보험이 사라지고 있고, 심지어 가입까지 거절한다는 얘기가 있던데 왜 그런가?

A 매년 급증하는 암환자로 인해 보험사의 보험금 지급이 늘고, 이는 보험 회사의 수익 악화로 연결되었기 때문에 2006년부터 보험회사에 따라 암 보험 판매를 중단하거나 암 보험의 보장을 축소하고 있고, 보험 상품을 유지하더라도 보험료를 인상하고 있다.

또 선진국에서는 암 치료후 완치되었을 경우 암 보험 가입에 전혀 문제가 없으나 우리나라에서는 암 보험을 포함한 대부분의 보험 상품 가입을 거절하고 있는 상태다. 앞으로 암 발병률도 늘고, 보험사의 수익 악화도 매년 증가될 것은 불 보듯 뻔한 일이므로 암 보험만큼은 서둘러서 가입하는 것이 필요하다.

Q 하지만 암보험을 자신에게 유리하게 설계하지 못하면 매달 보험료만 지불하고 나중에 정작 암에 걸렸을 때 보징을 받지 못할 수 있다고 하던데, 암보험

가입 시 반드시 짚고 넘어가야 할 것은 어떤 것이 있나?

A 첫째, 암 진단자금이 큰 상품에 가입하라. 앞에서 얘기한바와 같이 연간 암 치료비가 5천만원이 넘어갈 수도 있다는 사실을 기억하고, 고액의 진단자금을 받도록 설계하는 것이 필요하다. 암환자를 상대로 보험금 액수별 상대생 존율을 분석한 결과 보험금을 2,000만원 이상 수령한 경우가 71%로 상대적으로 높게 나타났다는 사실을 기억할 필요가 있다.

둘째, 보장기간이 긴 상품을 선택하라. 암에 대한 위험은 연령이 증가할 수록 커지게 된다. 따라서 보장기간이 긴 상품을 가입해 암에 걸릴 확률이 가장 높은 장년이나 노후에 대비할 필요가 있다.

Q 암보험을 선택할 때 여성암이나 남성암 등의 특정암을 보장하는 것이 좋다고 하던데 선택의 중요한 기준이 되나?

A 맞다. 이왕이면 가능한 많은 암을 보장하는 상품을 가입하는 것이 좋다. 암 진단을 받았다고 해서 무조건 보험금을 받을 수 있는 것이 아니라 약관에 명시된 암만 보장을 받을 수 있다. 따라서 내 암보험이 어느 암까지 보장하는지 반드시 가입 전에 확인해야 한다. 특히 여성의 경우 여성질환과 관련된 암 보장이 있는지 반드시 살펴봐야 한다. 특히 여성 암 발병률 1위인 갑상선암을 보장하는지, 보장한다면 얼마까지 보장되는지 반드시 확인해야 한다.

넷째, 암 수술시 매회 수술비를 지급하는 상품이 좋다. 암 치료가 수술 한번으로 끝나면 더할 나위없이 좋겠지만 암은 두번, 세번 재수술을 받는 경우가 많다. 따라서 수술 횟수에 상관없이 매회 수술비를 지급하고 재입원 시 입원비를 보장하는 암보험이 좋다.

Q 암보험이 자꾸 없어진다면 하루라도 빨리 가입해야 할 것 같은데 어떤가?

A 암 보험은 되도록 빨리 가입하는 것이 유리하다. 암 보험은 가입 후 바로 보장이 되는 것이 아니라 90일이 경과되어야 보장을 받을 수 있다. 따라서 몸이 건강할 때 미리 가입해두어야 갑작스런 암 선고시에도 대비할 수 있다.

또한 연령이 높아질수록 보험료가 상승하니 보험료 절약차원에서도 미리 가입하는 것이 좋다. 또한 암보장도 최소 1년 이상 경과해야만 100% 보장한다는 점도 기억해야 한다.

Q 암보험은 여러 건 가입해도 중복 보장을 받을 수 있는지 궁금하다.

A 암보험은 정해진 금액을 지급하는 정액보험의 성격을 가지고 있어서 여러 건의 암보험을 가지고 있더라도 보장을 모두 받을 수 있다. 따라서 조금 부족하게 암보험을 가입했다면 추가적인 가입을 하는 것이 좋은 방법이다. 그렇다고 암 보장만 신경쓰다가 보험료가 엄청나게 많이 지출하는 것은 좋은 방법이 아니라는 사실을 기억해야 한다.

Q 최근 인기 있는 암 보험이 있다고 하던데?

A 요즘 인기를 끄는 암보험은 두 가지 형태이다. 첫 번째 유형은 특정암, 신종 암 구분 없이 최초 암 진단만으로 최고 1억원까지 일시금으로 보장하고 조건 없이 지급하며, 60세까지 가입할 수 있고, 80세까지 보장하는 암보험이다. 두 번째 유형은 일반암으로 진단이 확정되면 최대 6,000만원(계약일로부터 2년 이내는 3,000만원)을 지급하고, 고액암 진단이 확정되면 최대 1억1000만원이 지급되는 암보험으로 평생보장하는 암보험이다. 적절한 보험료인지 자신이 선호하는 것인지를 고려해서 선택하는 것이 가장 좋은 방법일 것이다.

5) 운전자 보험

Q 헌법재판소에서 자동차 종합보험 가입시 피해자와의 합의와 상관없이 형사처벌을 면제하는 것은 위헌이라고 결정되면서 자동차보험에 가입했더라도 중상해사고에 대해서는 피해자와 합의가 이뤄져야 한다. 이에 대비를 할 수 있는 보험이 있나?

A 남의 일로만 느껴졌던 형사처벌이 어쩌면 나에게도 예외가 아닐 수 있다. 예를 들어 똑같이 자동차 사고가 발생하더라도 안전장치가 부족한 오토바이의 경우에는 작은 사고가 나더라도 중상해로 이어질 수가 있으며, 이 때 형사처

벌 대상이 된다. 형사 처벌을 예방할 수 있는 대안이 바로 운전자보험이다.

5
·
보
험

245

Q 운전자보험에 대해 자세히 설명을 한다면?

A 운전자보험은 자동차보험에서 보장되지 않는 형사합의지원금, 벌금, 방어비용 등 운전자와 관련한 보장과 상해시 의료비를 보장하는 형태로 나뉘어져 있다. 즉, 교통사고 시 발생 가능한 본인의 상해위험과 형사적, 행정적 책임의 위험으로부터 운전자를 보호하는 보험이다. 즉, 운전자보험은 법정구속을 방지하기 위한 형사합의금 및 변호사 선임등에 필요한 방어비용, 각종법률비용 등 사고로 인한 형사적 책임을 보장받을 수 있다.

민사적 책임	자동차보험으로 해결가능	운전자보험으로 해결가능
형사적 책임	법정구속, 집행유예 등	운전자보험으로 해결가능
행정적 책임	벌금, 범칙금, 면허취소 등	

Q 운전자 보험과 자동차 보험과의 차이는 무엇인가?

A 자동차 구입시 의무적으로 가입해야하는 자동차보험은 타인에 대한 배상책임보험 성격이라서 자동차 보험만으로는 본인의 상해까지 모두 보장해주지 않는다. 또한 자동차보험의 자기신체손해 담보를 선택하더라도 가해자일 때 보장을 받는데 이때 과실비율만큼 삭감하여 보장받게 되어 실질적인 보장이

불가능하다. 그러나 운전자 보험은 과실비율에 상관없이 고액의 상해보장이 가능하며, 교통사고 이외의 상해사고에 대해서도 일부보장을 받을 수 있다.

자동차 보험	사망 시 3,000만원 장해 시 최고 3,000만원 부상 시 최고 1,500만원한도 (부상 급수별 차등)	과실비율에 따라 삭감지급
운전자 보험	사망 시 1~3억 장해 시 최고 1~3억 소득보장, 임시생활비 등 자동차보험에서 보상받은 치료비의 50%추가지급	과실비율 상관없이 지급

Q 자동차 보험은 민사적 책임을 보상하고, 운전자 보험은 형사적 책임을 보상한다고 보면 되나?

A 그렇게 봐도 무방하다. 자동차 보험은 사고 발생시 대인과 대물에 대한 보상을 중점으로 보상하고, 운전자보험은 형사합의금, 방어비용, 벌금 등과 본인 상해에 대해 보상받을 수 있기 때문이다.

운전자보험과 자동차보험 특징 자세히 보기

	자동차보험	운전자보험
보험기간	1년 (매년 갱신)	10년~80세
만기 시 환급	없음	대부분 환급
민사적 책임 (타인의 신체와 재물에 끼친 손해배상책임)	대인 1 (책임가입) – 1억 한도 대인 2 (임의가입) – 무한 대물 – 보동 3000만	없음
형사적 책임 (형사합의, 변호사 비용 등)	없음 (단, 특약형태로 일부 가입가능)	형사합의지원금 1000~5000만 방어비용 100~500만
행정적 책임 (벌금, 면허취소 등)	없음 (단, 특약형태로 일부 가입가능)	벌금 2000만 한도 면허취소, 면허정지위로금
본인상해위험	자기신체손해 사망 3000만/부상 1500만 한도 (부상급수 별 차등한도 및 과실비율에 따라 지급함)	사망/후유장해 1~3억 상해의료비 100~1000만 한도 상해일상/임시생활비/골절/화상 등 (부상등급 및 과실비율에 관계없이 지급)
보험료변동	자동차 (차종, 배기량, 연식 등) 운전자 (연령, 사고경력 등)	사고 및 차종 별 보험료 변동요인 없음

Q 운전자보험 선택요령은?

A 첫째, 가입목적에 따라 운전자보험과 상해보험을 선택하라. 운전자보험의 가
장 중요한 기능은 자기신체상해에 대한 보장이 아니라 벌금, 변호사비용, 형
사합의지원금 등 형사상의 법적비용을 보장 받는데 있으므로 운전자만이 가
입해야 한다. 그러나 자기신체에 내린 상해 보장이 더욱 중요하다면 운전자

보험보다는 상해보험을 가입하는 것이 오히려 좋다.

둘째, 운전자보험 선택시 가능한 순수형으로 선택하라. 자동차 보험도 환급형 상품이 판매되고 있으나 순수 보장형에 비해 보험료가 3~4배 이상 비싼 경우가 많다. 따라서 환급형 상품에 가입하여 만기시 원금을 돌려받는 것 보다 환급형 보험료에서 순수형 보험료를 뺀 금액을 수익률이 높은 금융상품에 투자하는 것이 더 유리하다.

Q 운전지 보험 선택시 자동차 보험을 고려해서 주의할 사항은 없나?

A 운전자 보험을 선택할 때에는 자동차 보험의 가입내용을 충분히 확인한 이후에 가입하는 것이 좋다. 자동차보험에서 자기신체상해와 관련된 내용을 보장하고 있기 때문에 이에 대한 금액을 확인하여 추가보장을 고려하는 것이 좋다. 또한 일부 자동차보험에서는 특약형태로 운전자보험의 법적비용 보장과 같은 내용을 포함하고 있는 경우가 있는데, 이는 운전자보험과 보장이 중복되므로 이를 반드시 고려해야 한다.

마지막으로, 형사합의지원금은 보장금액이 큰 상품으로 선택해야 한다. 자동차 사고가 발생하여 인명 피해가 발생했을 때, 한 명이 아니라 여러 명일 경우 형사합의금이 생각보다 많이 필요한 상황이 발생할 수 있다. 따라서 사고시 각각의 사람에 대해서 형사합의금을 보장하는지를 따져보고, 보장 금액은 되도록 높이는 것이 바람직하다.

6) 보험의 역사와 특종보험

Q 언론 상에서 보면 역사상 다양한 보험이 존재해왔고, 현재도 재미있는 보험이 많이 있는 것 같다. 내용은 다양하지만 보험의 기본 내용은 변하지 않은 것 같은데?

A 보험은 기본원리가 이를 정확히 알면, 보험가입을 효과적으로 할 수 있을 것이다. 이 지면에서는 보험의 기본원리와 보험과 관련된 재미있는 이야기들을 말하고자 한다.

보험의 기본원리부터 살펴보면, 사람들은 누구나 살아가면서 상해, 질병, 사망, 도난, 화재, 자동차사고 등의 위험에 노출되어 있는데, 이러한 사고가 발생할 경우 금전적인 책임이 따르게 된다는 것이다. 이렇한 위험을 이전하기 위해서 해결책으로 선택하는 것이 보험이다.

Q 보험에는 다양한 종류가 있는데, 어떻게 구분해야 하나?

A 보험은 크게 사회보험과 민영보험으로 구분이 되는데, 사회보험은 누구나 의무 가입을 해야하는 것이고, 민영보험은 의무가입사항은 아니지만, 질병, 상해, 사망 등의 위험을 보호하기 위한 수단으로 개인이 선택을 한다.

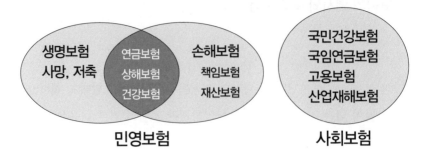

Q 보험의 용어를 보면, 보험료라는 말도 있고, 보험금이라는 말도 있던데 사실 잘 모르면 헷갈린다.

A 보험은 여러 명의 보험가입자(보험계약자)가 보험회사에 위험보장을 위해 필요한 만큼의 경제적 부담을 하게 되는데, 이때 내는 돈을 보험료라고 한다. 또한, 보험회사는 보험료를 받아서 쌓아 놓았다가 가입자에게 사고가 발생하면 피해보상액을 지급하는데 이때 지급하는 돈을 보험금이라고 한다.

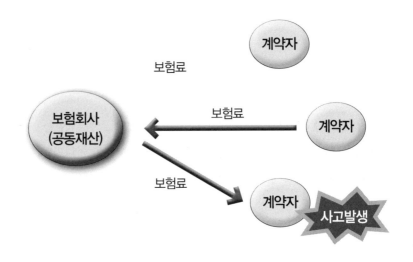

Q 보험의 역사가 오래되었다고 하던데 최초의 보험은 어떤 보험인가?

A 최초의 보험은 1688년경 에드워드 로이즈의 카페에서 은행가와 런던의 상인들이 해상무역을 하면서 발생하는 사고에 대한 대비책으로 만든 보험으로 현재의 해상보험이라 생각하면 된다. 우리나라에서는 신라시대 창, 고려시대 보, 조선시대 계라는 것이 보험의 형태를 띄었다. 우리나라의 최초 보험은 재미있게도 '소'를 대상으로 가입하는 보험이었는데, 소가 죽거나 다치면 보상을 해주는 보험이었다. 또한 우리나라가 만든 세계최초의 보험상품 기록이 있는데 바로 교육보험이다.

Q 특종 보험으로 목소리 보험, 다리 보험 같은 것도 있다고 들었는데?

A 이색보험으로 알고 있는 보험들이 있는데, 이를 특종보험이라고 한다. 일반인들이 가입한다기 보다, 연예인들이나 유명인들에게 많이 보장하는 보험이다. 이러한 특종 보험 중 유명한 보험 중 하나가 유명모델의 다리를 보상하는 보험인데, 독일월드컵 조추첨 사회자를 했던 독일모델 '하이디 클룸'의 다리에 대해 22억원의 보험금을 건 보험이다. 독일 월드컵 기간동안 이 모델에게 사고가 발생하여 다리에 상해가 발생하거나 다리를 못쓰게 되면 보상을 해주는데, 한 다리는 10억원, 다른 한쪽은 12억원을 보상해주는 조건이었다. 한쪽 다리가 보상액이 더 큰 이유는 흠이 하나도 없기 때문이었다.

비슷한 사례를 우리나라에서 찾을 수 있는데, 가수 '바다'씨가 가입한 목소리 보험이다. 만약 목에 이상이 있어서 목소리에 문제가 생겨서 가수생활을 못하게 되면 최고 20억원을 보장하는 내용이다.

Q 자동차사고 등이 발생해서 수입에 문제가 생기면 보험금을 지급하는데 이때 직업이 다르면 보험금이 차등 지급되는 것이 많나?

A 그렇다. 손해보상보험에서 보험금을 지급할 때 그 사람의 평균소득과 활동시한을 계산해서 보험금을 지급하게 되는데, 쇼걸(30세), 댄스가수(35세), 프로야구선수, 에어로빅강사(40세), 웨이터, 잠수부(50세), 의사, 한의사(65세), 승려, 변호사(70세) 등으로 퇴직연령이 정해져서 이 금액으로 보상한다.

가수 강원래씨의 경우 댄스가수 정년인 35세를 적용해서 오토바이 사고 후, 이 기준으로 보험금을 산정하여 21억원을 보상받은 것이다.

Q 날씨에 대해서도 보상해주는 보험도 있다고 하던데?

A 그렇다. 예를 들어 여행 중 날씨가 안 좋을 때 보상해주는 보험을 예로 들 수 있는데, 상품 내용을 보면 비나 눈이 10mm이상 왔을 경우, 여행경비의 50%를 보장하는 식이다. 또 모 전자회사가 성탄절 이브에 테헤란로에 눈이 5cm 이상 쌓이면 가전제품을 50% 할인해주는 마케팅을 했었는데, 이 때에도 전자회사가 해당 조건에 맞춰 가입한 보험이 날씨보험이라 할 수 있다.

이외에도 골프보험(홀인원보험), 여행자보험(사망, 상해, 도난.분실사고보상)

등이 있는데, 이런 보험을 통칭해서 특종보험이라고 하며, 점차 일반화되고
있는 추세이다.

Q 궁금한게 한 가지 있는데, 지금까지 가장 보험금을 많이 받은 경우는?

A 유명한 타이타닉호가 침몰해서, 이 사고로 지급된 보험금은 140만 파운드
(1,430억원)였고, 뉴욕 쌍둥이빌딩이 9.11테러로 폭발해서 보험사가 지급한
보험금은 300억 달러(39조원)였다.

7) 실버보험

Q 급격한 고령사회로의 진전으로 노후문제가 심각해지고 있다. 그 중 하나가
의료비 문제인데, 실제로 68세 이후에 의료비는 급증하는 것으로 알려져 있
다. 이런 상황에서 실버 보험이 의료비 대책 중 하나로 평가를 받고 있다.

A 노후를 맞이한 노인들의 문제는 생활비와 더불어 의료비 문제라는 커다란 불
안요소가 있다. 자녀 입장에서 보면 부모의 노후생활비 문제도 걱정이지만,
암과 같은 흔히 발생하는 큰 병에라도 걸리면 치료비 걱정이 있는 것도 사실
이나. 따라시 00세 이건에 노년기 치매 및 장기간병에 대비하기 위해 실버보

험이나 장기간병보험에 가입하는 것이 좋다. 이 시기가 지나면 보험가입 자체
가 거절되거나 가입이 가능하다 하더라도 보험료가 급증할 수 있기 때문이다.

Q 실버 보험에도 종류가 많은데, 어떤 것을 선택해야 하나?

A 실버보험은 고령층의 노인성 질환 등을 집중 보장하는 고령층 건강보험과 치
매 등을 집중 보장하는 장기간병보험 등 건강관련 보험이 있고, 각종 골절사
고 등을 집중 보장하는 상해 관련 보장보험이 있다. 또 사망시 장례비용 활용
을 목적으로 한 장례비 보험 성격의 사망보험이 있다.

Q 그렇다면 고령층의 건강보험과 치매 등을 보장하는 장기 간병 보험을 따로
가입해야 하나?

A 그렇지 않다. 암, 뇌혈관질환, 심장질환 등의 성인병에 대한 진단자금, 각종
노인질환에 대한 치료비, 수술비, 입원비에 대한 보장, 노년기에 발생하기 쉬
운 골절, 상해 등에 대한 보장, 치매에 걸릴 경우 치매보장으로 간병비 등을
보장해주는 실버보험을 선택하면 된다. 실버보험을 선택하면, 고 연령층에
발생빈도가 높은 암, 뇌출혈, 급성심근경색증 및 주요성인병, 관절염 등 만성
질환에 대해 치료를 받을 수 있고, 질병이나 상해시에 실질적인 치료비용을
보장받을 수 있다.

Ⓠ 광고를 보면 과거 병력에 관계없이 가입이 가능하다는 내용이 있는데, 이 경우 보험사가 손해가 아닌가?

Ⓐ 광고를 보면 과거 병력과는 관계없이 많은 질병이나 상해에 대하서 보험사가 보장해주는 것 같지만, 이러한 무심사보험은 사망보험(장례비보험)인 경우가 대부분이다. 사망시 1,000만원~2,000만원의 보험금을 지급하는데, 현재의 신체 상태에 관계없이 사망하면 보험금을 지급하겠다는 얘기다. 알고보면, 건강한 사람은 오히려 보험료를 더 많이 내고, 병이 있는 사람이 혜택을 누리게 된다. 사실 무심사보험은 실버보험에서 본인에게 혜택이 있는 것이 아니라 나중에 자녀들에게 혜택을 주는 사망보험에 한해 적용된다.

Ⓠ 그렇다면 실버보험을 가입할 때 신중하게 가입하는 것이 중요할 것 같은데, 선택요령은 어떻게 되나?

Ⓐ 첫째, 보장기간이 길고, 노인성질환이나 치매 등을 집중 보장하는 상품을 선택하라. 노인이 되면 당뇨, 고혈압, 심장질환, 심부전증, 뇌출혈 등의 질병이 걸릴 확률이 높아진다. 나이가 들수록 발병 가능성이 높아지고, 치매 등의 노인성질환에 걸리기 때문이다. 또한 보장기간도 길수록 좋다.

둘째, 다양한 특약을 선택할 수 있도록 판매되고 있기 때문에 자신이나 부모님의 여건에 맞게 선택하는 것이 필요하다. 암, 성인병, 재해 상해 와 기타 수술 및 입원에 관련된 보장만 선택할 것인지, 사망시 장례비 등을 고려하여 사망관련 특약까지 고려할 것인 시를 신덕히는 것이 필요하다.

셋째, 노인에게 찾아오는 상해 위험을 보장하는 상품을 선택하라. 노인이 되면 행동이 느려지고, 아주 작은 충격에도 쉽게 골절 등이 발생하므로 이에 대한 치료보장을 선택하는 것이 필요하다.

Ⓠ 사실 실버보험은 자녀들이 들어주는 경우가 많은데, 자녀들이 가입해드릴 때 신경 써야할 부분은..?

Ⓐ 우선, 부모님이 기가입한 중복 보험이 있는지를 살펴야 한다. 특히 손해보험 시의 실손의료비 특약은 중복 가입을 하더라도 중복 보상이 되는 것이 아니라 비례보상되므로 반드시 확인해야 한다.

또한 기가입한 보험이 있을 경우 보장 분석을 통해 부족한 부분을 보완하는 형태로 보험에 가입하는 것이 필요하다. 예를 들어 암이나 상해에 대한 보장이 있다면 오히려 치매보장을 중점적으로 하는 보험을 선택하는 것이 좋다.

Ⓠ 실버 보험은 나이가 들어서 가입하는 경우가 많다보니, 나중에 보험금을 지급할 때 거절당하지 않으려면 꼼꼼하게 따져야 할 것 같은데 주의사항이 있다면?

Ⓐ 첫째, 실버 보험에 가입할 때 과거에 앓았던 질병이나 병력을 보험회사에 정확하게 알려야한다. 이러한 알릴 의무를 위반할 경우 보험 사고가 발생할 때 보상을 제대로 받을 수 없다. 또한 보험설계사나 다른 사람이 대리 서명한 경

우 보상을 받지 못하거나 보험계약이 해지될 수도 있기 때문에 반드시 본인이 자필서명을 해야 한다.

둘째, 보험사의 광고만 보고 가입을 해서는 안된다. 간혹 보험사의 광고만 믿고 부모님께 효보험을 선물했다 낭패를 봤다는 가입자들의 불만이 여기저기서 터져 나온다. 예를 들어 홈쇼핑과 같은 광고를 통해 판매하고 있는 실버보험은 '치매에 걸릴 경우 2,000만원을 지급한다'고 광고하지만, 자세히 볼 경우 '특약을 선택시'라는 깨알 같은 글씨를 적힌 것을 볼 수 있다. 이처럼 한정된 시간에 광고를 하는 관계로 주계약과 특약 보장 내용을 구분 없이 사용하는 경우가 있으므로 소비자 입장에서는 꼼꼼히 따져볼 필요가 있다.

셋째, '묻지도 않고, 따지지도 않는 보험'으로 알려진 무심사 보험은 가입이 쉽다고 무작정 좋아해서는 안된다. 이런 상품은 주로 사망 보장에 집중하는 경우가 많고, 같은 보장 기준으로 따진다면 보험료가 비싼 편이다. 따라서 건강하다면 오히려 심사하는 보험에 가입하는 것이 바람직하다. 다만, 지병을 가지고 있는 경우는 무심사보험을 통해 최소한의 사망보장 혜택이라도 받는 것이 유리하다.

8) 여성보험

Ⓠ 여성들의 사회적 지위향상과 사회참여가 들어남에 따라 과거 남성에게 의존하는 경제활동에서 여성자신을 위한 경제활동으로의 변화가 일어나고 있다. 이러한 상황에서 여성 고유의 라이프싸이클에 따른 여러 가지 위험이 나타나고 있는데 이에 대한 대비책은?

Ⓐ 여성의 사회참여가 늘어나면서 질병과 상해사고가 늘어나고, 특히 여성운전자들이 급격하게 증가하면서 운전 중 사고가 많이 발생하고 있는데, 이에 대해 여성들만의 위험에 대한 대비책으로 준비할 수 있는 보험이 여성전용보험이다. 일반적으로 대부분의 보험 상품은 성별에 관계없이 가입을 할 수 있지만, 여성만 가입할 수 있는 상품들이 있는데 이런 상품들을 여성전용보험이라고 한다. 이런 여성전용상품들은 주로 부인과질환 등 여성들만의 특정질병을 보장하거나 여성과 관련한 강력범죄에 대한 위로금 등을 보장한다.

Ⓠ 여성전용 보험을 꼭 준비해야 하는 특별한 이유가 있나?

Ⓐ 여성 통계연보를 통해 우리나라 여성의 건강 상황을 보면, 2007년 한 해 동안 전체 여성의 약 22%가 크고 작은 질병을 경험했으며, 여성 1명당 평균 투병기간은 약 7일이다. 특히, 여성들의 암 발병 현황을 보면 2008년 암 선고를 받은 여성은 7만 5,000여명으로 매년 약 10%씩 증가하는 추세다. 그리고 2008년에는 처음으로 여성 암환자 수가 남성 암환자 수를 초과하고 있다. 더

욱이 여성 암 발병은 가임기에서 노년기에 이르기까지 광범위하게 발생해 어느 연령대건 방심할 수 없는 상황이다.

또한 65세 이상 인구 총 433만명 중 약 60%(264만명)가 여성이며, 평균수명은 82.4세로 남성보다 약 7세 이상 장수하지만, 건강수명(평균 건강수명 63.3세)으로 판단하면 여성은 남성보다 약 2세 정도 밖에 차이가 없는 것으로 나타나고 있다. 즉, 여성은 평균 수명을 감안할 때 평균 19년간을 질병과 함께 살아가고 있는 것이다. 특히 독거노인의 약 85%가 여성이며 이 중 90%가 노인성 질환으로 투병 중인 것으로 조사되고 있다.

Q 그렇다면 여성을 위한 보험, 어떻게 선택해야 하나?

A 우선 유방, 자궁 등 부인과 질환에 대한 질병과 임신, 출산과 관련된 각종 위험에 대한 대비가 필요하고, 노후에 남편을 먼저 보내고 홀로 남게 될 확률이 높기 때문에 이에 대한 대비가 필요하다.

첫째, 여성들만의 특정질환에 대한 보장을 선택하라. 여성들은 여성만성질환과 부인과 질환이 많이 발생한다. 남성보다 평균수명이 길다보니 신체구조상 여러 가지 여성특정질환에 노출될 수밖에 없다.

따라서 질병 및 사고에 대한 대비책을 준비하는 것은 필요하다. 우선 암, 뇌졸중, 급성심근경색증에 걸렸을 때 충분한 치료를 받을 수 있을 만큼의 고액 진단자금을 받을 수 있도록 해야하며, 여성특정질환으로 인한 수술시 추가로 보험금을 받을 수 있도록 설계해야 한다. 또한 여성의 경우 중대한 질환에 대한 보장과 더불어 여성만성질환, 부인과질환, 골다골증 등에 걸리는 경우가 많으므로 이에 대한 수술비, 입원비 문제를 해결할 수 있도록 하고, 유자녀양육비보장, 임신출산관련 질환보장 등 대한 보장을 검토해야 한다.

Q 질병에 대한 보장도 있지만 여성들의 경우 폭행이나 상해피해 등에 준비해야 하는 것 아닌가?

A 보험료에 대한 어유가 있다면 여성이 노출되기 쉬운 상해와 여성운전자들의 사고에 대한 보장을 선택하는 것이 좋다. 여성이 상해를 당할 경우 병원치료에 따른 의료비보장, 장해 상태에 대한 장해보험금, 상해로 휴업시 휴업에 따른 소득손실보장, 사망시 유족위로금까지 전반적인 경제적 어려움을 고려하여 선택하는 것이 중요하다.

또한 운전중 상해로 인한 의료비용은 물론 운전시 발생하는 벌금, 형사합의금, 면허정지, 취소에 대한 보상, 자동차사고로 인해 성형수술시 위로금 등을 선택하는 것이 좋다. 여성들의 경우 운전시 위기상황에 능력이 떨어지기 때문에 이에 대한 특약을 선택하는 것이 필요하다. 물론 상해에 대한 보장과 운전중 사고나 상해에 대한 보장을 하나의 보험에 한꺼번에 가입하는 것이 보험료 측면에서 저렴하다.

Q 그뿐 아니라 연금보험도 여성중심으로 가입하는 것이 좋다는 얘기도 있던데?

A 일리있는 말이다. 여성은 혼자만의 노후문제를 철저하게 준비해야 한다. 고령화 속도가 빨라지면서 개인이 스스로 노후를 준비해야만 한다. 특히 여성은 남녀의 평균 수명 및 혼인시 나이차를 고려할 때 평균적으로 10년 이상 혼자서 노후를 보내야할 가능성이 높기 때문에 노후생활과 의료비문제가 해결될 수 있을 만큼 충분한 자금이 되도록 노후생활플랜을 세워야 한다. 장기적인 플랜이므로 인플레이션을 감안하여 투자형 연금 상품에 가입하는 것을 우선 고려하는 것이 좋다.

Q 시중에는 여성을 위한 보험 상품이 어떤 것들이 있나?

A 먼저 생명보험사의 여성전용 보험은 직장생활을 시작한 지 얼마 안 되거나 결혼하여 주부가 된 여성들에게 발생 빈도가 높은 골다공증, 각종 부인과 질환 등의 치료, 수술, 입원 등을 70~80세까지 집중 보장하는 상품으로 보통 암까지 포함하여 포괄적으로 보장하는 내용으로 판매되고 있다.

손해보험사의 경우 이를 포함하여 여성에게 일어날 수 있는 강력범죄에 대한 위로금과 상해시 흉터성형 수술비, 유산 위로금, 자궁 외 임신 등 여성만의 위험에 대한 보장을 해주는 보험 상품이 있다. 특히 임신한 여성에 대해서는 만기태아사망(28주 이상)을 보장하고, 저체중아 육아비용 등 임신출산위험보장, 인공관절수술비, 만성당뇨합병증진단비 등 고연령 여성의 질병까지도 보장하는 상품이 있으니 눈여겨볼만 하다.

Q 여성을 위한 보험을 가입할 때 주의사항은?

A 여성이라고 해서 무조건 여성전용상품을 우선적으로 선택해야 하는 것은 아니다. 여성전용보험에서 보장하는 여성과 관련된 특화된 보장이 다른 일반상품에 전혀 없는 것은 아니다. 일부 특약 등의 형태를 통해 반영되어 있는 경우도 있다. 따라서 여성전용보험의 내용과 일반상품의 내용을 함께 비교해 보고 판단하는 것이 좋다.

또한 본인이 보장 받으려고 하는 보장이 진짜로 여성에게 자주 발생하는 질병을 보장하는지 따져봐야 한다. 발생확률이 아주 미미한 여성관련 질병을 보장받으려고 굳이 여성전용보험에 가입할 필요가 없는 것이다. 또한 이미 가입한 상품이 있다면 가입한 상품보장과 중복되지 않는지 확인해 볼 필요가 있다.

9) 상조 보험

Q 자녀들이 걱정하는 것은 부모님의 노후문제와 다가올 미래에 발생하는 부모님의 장례문제이다. 막상 큰 일이 닥치면 자녀들이 장례와 관한 절차를 잘 몰라서 당황하는 경우가 많다. 이 때문에 상조 회사들이 붐을 이루고 있는데, 모든 장례 행사와 물품 지원을 해주는 상품이 있나?

A 최근에 가장 많은 광고를 하는 업체가 대리운전회사 그리고 상조회사라고 한다. 우리 나라사람들은 관혼상제에 유난히 관심이 많다보니 부모님의 장례문제 등 당황하기 쉬운 문제에 대한 해결책을 제시하는 상조관련 상품에 관심을 보일 수 밖에 없다. 상조관련 상품은 상조부금과 상조보험으로 나뉘는데 상조부금은 매월 일정액을 내면, 상조회사들이 상조관련 서비스를 현장에 와서 직접처리를 해주는 상품이고, 상조보험은 보험회사가 직접 사망보험금을 주면서 상조관련서비스를 해주는 상품이다.

Q 상조보험, 상조부금, 장례보험 등 용어상 여러가지 혼돈스러운 부분이 많은데 어떤 차이점이 있나?

A 상조보험과 장례보험은 같은 뜻으로 이해하면 되고, 상조부금과 상조서비스는 같은 뜻으로 볼 수 있지만, 상조보험과 상조부금은 매우 다르다. 둘다 사망 전에는 돈을 내고, 사망 이후에 서비스를 제공받는다는 점에서 비슷한 관계로 상조보험을 상조서비스 중의 하나로 이해하거나 반대로 상조보험에 가입하면 상조서비스를 제공받는 것으로 이해하는 사람이 많다. 하지만 정확히 말하면 상조보험은 현금, 즉 보험금을 주는 것이고, 상조서비스는 장례관련 물품이나 장례서비스를 제공해 주는 것이다.

Q 상조보험과 상조서비스의 차이점을 알기쉽게 설명을 한다면?

A 6가시 항목을 비교해서 설명하면 다음과 같다,

상보보험과 상조서비스 비교

구분	상조보험	상조서비스
주체	보험회사	민간 업체 또는 법인
감독 여부	금감원에서 감독	신고제로 업체 설립
예금자보호	예금자보호법 적용 대상	예금자보호 대상 아님
지원 내용	현금(보험금)	장례 물품, 장례 서비스
비용	사망시점에 따라 납입 총액이 다를 수 있음	사망시점에 관계 없이 납입할 금액은 동일
피보험자	피보험자를 지정함	피보험자는 지정하지 않음
양도 · 양수	대상을 양도 · 양수힐 수 없음	대상을 양도 · 양수할 수 있음
가입 제한	연령 · 병력에 따라 가입이 제한	가입에 제한 없음

(작성: (주)리컴넷)

상조보험은 보험회사에서 팔고, 금융감독원에 의해 관리 • 감독을 받지만 상조서비스는 민간회사가 팔고, 신고제로 설립, 통제를 받지 않는다. 또한 상조보험은 5,000만 원까지 예금자 보호를 받지만 상조서비스는 보호받을 수 없다.

상조보험은 사망시에 장례비용으로 쓸수있도록 보험금을 주고, 상조서비스는 장례 물품이나 장례 절차에 대한 서비스를 제공해준다. 상조보험의 경우 사망시점에 따라 내는 보험료가 다를 수 있는데, 즉 피보험자가 일찍 사망하면 보험료를 덜 낼 수도 있는 반면 상조서비스는 사망 시점에 관계없이 고객이 내야 할 돈은 똑같다. 만일 일찍 사망한 경우 내지 않는 돈이 있다면 잔액을 납입해야 한다.

상조보험은 대상이 되는 피보험자를 지정하면 변경할 수 없지만, 상조서비스는 피보험자을 양도나 양수(변경)할 수 있고, 상조보험은 보험사에서 심사하기 때문에 연령이나 병력에 따라 가입이 가능하거나 불가능하지만, 상조서비스는 가입에 제한이 없다.

Q 최근에 일부 상조회사가 부실하게 서비스를 해서 문제가 되고 있는데 부실한 상조 회사에 피해를 당하지 않는 방법이 있다면?

A 상조회사의 서비스는 장례물품이나 장례절차, 장례서비스를 해주기 때문에 장례절차를 잘 모르는 고객이라면 상당히 도움이 된다. 그러나 상조회사에 따라 서비스가 천차만별이다. 현재 200여 개의 상조업체가 난립하고 있는 상태이고, 이런 업체는 예금자보호를 받지 않기 때문에 부도나 폐업을 할 경우 따로 책임질 사람이 없다.

따라서 상조서비스의 경우 업체선택에 신중해야 한다. 상조업체를 선택할 때는 전통성과 함께 자금의 안정성도 같이 고려하여 판단해야 하는데, 최근 뉴스를 보면 일부 상조업체의 경우 고객의 자금을 가지고 중간에 사라지는 경우도 있고, 부도가 나는 경우도 있다. 이런 경우 전적으로 고객이 스스로 책임을 떠안아야 한다는 점을 명심해야 한다.

Q 그렇다면 보험회사의 상조보험에 가입해서 상조서비스를 받는 방법이 가장 안전한 방법이 아닌가?

A 그렇다고 할 수 있다. 한 보험사의 상조보험을 살펴보면, 기존 상조회사 유사 상품이 세트형으로만 판매되는데 반해 고객의 종교, 또는 지역별 취향과 경제 상황에 맞춰 설계형으로 가입할 수 있다는 장점도 가지고 있으며, 상·장례서비스의 보장기간은 100세까지이며, 45세부터 75세까지의 고객이 가입할 수 있다. 부부가 동시 가입할 경우 2.0%, 10명 이상 단체로 가입할 경우 3.0%의 보험료 할인 혜택도 받을 수 있다.

기존 상조회사의 상품은 공신력과 자본력이 취약하고 제도적인 소비자보호 장치가 미흡해 잦은 민원이 제기되고 분쟁의 소지가 있어왔지만 이 상품은 보험 가입부터 용품 및 서비스까지 보험사가 직접 책임지고 원스톱(One-Stop)으로 제공함으로써 고객보호 및 서비스 제공의 안전성까지 갖추고 있어서 상조회사보다 유리하다.

Q 보험회사가 팔고 있는 상조보험의 주요내용은 무엇인가?

A 손해보험사의 상조보험은 피보험자가 상해나 질병으로 사망할 경우 전문 장례지도사와 도우미가 출동하여 장례 상담과 의전을 진행해주며 계약자가 사전에 직접 설계한 관,수의,상복 등 상·장례용품을 현물로 제공해준다. 또 100세까지 생존할 때는 백수(百壽)축하금으로 그동안 낸 돈에 이자를 붙여서 만기환급금을 준다.

또한 사망 후에 매년 최고 20만원을 10년간 제사 비용으로 주는 특약과 의식불명 상태가 180일 이상 계속되면 최고 1,200만원의 간병비를 주는 특약, 장

례 용품 대신 사망 보험금을 주는 특약 등이 있다. 가입 할 수 있는 연령은 45
~75세이며 만기는 100세다.

Q 상조회사와 제휴해서 장례서비스를 제공하는 상품도 있다고 하던데?

A 그렇다. 상조보험의 상조서비스는 보험회사가 자체적으로 상조서비스인력을
두고 서비스를 할 수도 있지만, 대체로 상조회사와 제휴를 통해서 상조서비
스를 제공하는 경우가 많다. 이러한 상품에 가입을 하면 보험사 상조보험에
가입한 피보험자가 질병이나 상해로 사망시 제휴상조회사로부터 일시불제로
장례 대행서비스를 받을 수 있는 혜택을 제공한다.

10) 연금 보험

Q 조기퇴직과 평균수명의 증가로 노후에 대한 불안감이 커지다보니 연금상품
에 대한 관심이 높다. 하지만 재테크에 문외한이라면 쏟아지는 연금상품의
옥석 가리기가 쉽지않은데, 연금보험 어떻게 선택해야 하나?

A 연금보험은 변액연금, 연금저축, 일반연금 등으로 나누는데, 그냥 봐서는 그
냥 똑같은 연금이 아닌가하고 생각할 수 있지만 내용이나 성격이 판이하게

다르다. 짧은 기간동안 내는 것도 아니고, 적은금액도 아니기 때문에 연금의 종류에 대한 이해부터 정확히 하고 가입하는 것이 중요하다.

Q 일부 보도를 보면 연금은 가입시기에 따라 연금 보험료가 오른다고 하는데?

A 연금보험은 통상 3년마다 갱신되는 경험생명표를 기준으로 보험료가 책정된다. 보험가입자의 연령이나 질병, 사망 등의 생애주기 통계가 바로 경험생명표다. 연금 수령시 종신토록 수령하는 종신 연금의 경우, 평균 수명이 늘어나 오래 생존하게 되면 보험사가 지급해야하는 연금액에 대한 부담이 높아지기 때문에 경험생명표가 변경되게 되면 동일한 연금을 보장받기 위해서는 개인이 내야하는 연금보험료가 올라갈 가능성이 높다.

이 때문에 생존율이 높을수록 사망에 초점을 둔 종신보험 등은 보험료가 내려가지만 연금보험이나 질병보험은 보험료가 올라갈 수밖에 없다. 과거의 경우 경험생명표가 변경될 때마다 5~10% 정도의 보험료가 상승했다.

Q 연금보험의 종류에는 어떤 것들이 있나?

A 크게 일반연금보험과 연금저축보험으로 나뉜다. 혜택에서 약간 차이가 있는데 일반연금보험은 연금을 받을 무렵 금융상품에 붙는 15% 안팎의 이자소득에 대해 비과세 혜택을 준다. 단, 10년 이상 납입해야 한다. 물론 연금에 붙는 연금소득세도 없다. 이 때문에 좀 더 많은 연금을 받고싶어 하는 고소득 전문

직이나 고액 자산가들에게 유리하다.

이에 반해 연금저축보험은 연간 납입보험료의 300만원까지 소득공제 혜택을 준다. 다만 연금을 받을 땐 5.5% 정도의 연금소득세를 내야 한다. 월급쟁이에게 유리한 측면이 있다. 증권사의 연금펀드, 은행의 연금신탁도 동일하다. 하지만, 소득공제 혜택을 주기 때문에 조건이 까다롭다. 중도해지나 연금 외의 방법으로 보험금을 받게 되면 22%에 달하는 기타 소득세를 내야 한다. 보험료를 내는 사람과 연금을 받는 사람이 동일인이어야 하고 보험료 납입기간은 10년 이상, 연금 개시연령은 반드시 55세 이상이어야 한다.

상품	간접투자 여부	소득공제 여부	연금수령시 비과세 혜택 여부
변액연금보험	O (불입금 중 사업비를 제한 금액만 펀드에 투자)	X	O (연금액 전액 비과세)
일반 연금보험	X (공시이율에 따라 연금액 변동)	X	O (연금액 전액 비과세)
연금저축 (신탁)	X	O (연간 300만원까지 소득공제)	X (연금수령액의 5.5% 소득세 부과)

Ⓠ 주식이나 채권에 투자하는 간접투자형 연금도 있지 않나?

Ⓐ 연금은 투자형연금인 변액연금과 금리가 정해지는 일반연금으로 나누기도 한다. 보험료를 펀드에 투자해 그 실적에 따라 연금액이 달라지는 투자형 연

금상품이 변액연금이다. 변액연금은 불입액 중 사업비를 제외한 나머지 금액을 펀드에 투자하며, 연금펀드는 전액 투자한다.

반면 가입 초기에 보험사가 지정한 금리 체계에 따라 보험금이 정해지는 상품은 일반 연금보험이다. 일반 연금보험의 금리를 공시이율이라고 하는데, 분기별 시장 금리가 적용된다. 지급 형태에 따라서 분류하면 보험대상자가 사망할 때까지 연금을 지급하도록 설계된 종신연금보험과 10년이나 20년 등 연금 지급기간을 정해 이 기간 동안에만 연금을 지급하는 확정연금보험으로 나뉜다.

Q 연금보험 가입시 주의사항은....?

A 첫째, 한 살이라도 어릴 때 들어야 유리하다. 일반 연금보험은 연금 준비금이 복리로 늘어나기 때문에 연금 불입액의 적립기간이 길수록 나중에 받는 연금액이 더 커진다. 금리는 공시이율을 적용하기 때문에 금리상승기엔 안정적으로 수익을 기대할 수 있고, 금리가 떨어져도 넣은 돈보다는 더 많은 연금을 받는다. 최저보증이율로 보증하기 때문이다.

둘째, 봉급생활자나 소득이 높은 자영업자만 연금저축에 가입하라. 주부처럼 소득공제가 필요없는 경우는 연금저축에 들 필요가 없다. 월급 생활자라고 하더라도 연금저축을 중도 해지하면 그 동안 공제받은 세금을 한꺼번에 내야 하므로 연금저축에 가입할 때는 전체적인 노후 설계와 자신의 경제적 능력을 잘 따져봐야 한다.

셋째, 종신연금형을 선택할 수 있는지 확인하라. 기대 수명이 늘어나고 있는 상황을 고려하면, 연금 지급기간이 정해져 있는 확정연금보험보다는 사망할 때까지 지급하는 종신연금보험이 유리하다.

마지막으로, 고수익추구 여부에 따라 연금보험을 선택하라. 투자에 대한 위험 부담을 감수할 수 있다면 변액연금을, 큰 수익보단 안정성에 더 큰 가치를 둔다면 일반 연금보험을 선택해야 한다. 단 변액연금안에서도 투자 포트폴리오에 따라 안정지향형부터 공격적 투자형까지 다양한 종류가 있다는 점을 유념해야 한다.

Q 연금저축의 소득공제효과를 극대화하려면 어떻게 해야 하나?

A 예를 들어보자. 직장인 최모씨(28세)는 지난해 연금저축 보험에 가입했다. 연금저축신탁은 수익률이 낮고, 연금저축펀드는 원금보장이 되지 않아 리스크가 높을 것 같아서였다. 최씨는 아직 20대라서 노후자금을 적극적으로 마련하기 보다는 소득공제 효과를 극대화할 생각이다. 최씨는 연금저축 보험에 매달 20만원씩 불입하고 있다.

사실 연금저축의 소득공제 한도는 퇴직연금과 합산해 연 300만원까지다. 매월 25만원까지 소득공제를 받을 수 있다는 것이다. 연금저축 소득공제 한도를 변경전의 연 240만원으로 생각하고 월 20만원씩 납부하는 가입자들이 적지 않은데 연금저축 만으로도 연 300만원까지 소득공제를 받을 수 있다. 소득공제 효과를 극대화하기 위해서라면 매달 20만원씩 납부하고 60만원은 연말에 일시에 불입하는 것도 방법이다. 그렇게 하면 나중에 퇴직연금에 가입하더라도 연말에 넣는 60만원만 넣지 않고 퇴직연금으로 소득공제를 받으면 된다.

Q 소득공제를 받는 연금보험이 유리한가? 일반연금보험이 유리한가..?

A 연금저축보험은 연금저축 신탁, 연금저축 펀드 등 다른 개인연금 상품처럼 연 300만원까지 소득공제를 받을 수 있다. 또 10년 이상 가입, 5년 이상 연금수령, 연금수령 나이 55세 이상을 충족시키면 투자수익에 대한 과세도 연금수령 후로 늦춰진다. 이러한 보험을 이른바 적격연금보험이라 한다.

반면 연금저축보험은 아니지만 일반 장기 저축성 보험을 연금식으로 지급하는 연금보험도 있는데 이를 비적격연금보험이라 한다. 이런 보험은 세제혜택 내용이 연금저축 보험과 다르다. 소득공제 혜택은 없지만 대신 가입기간이 만 10년 이상이 되면 보험차익이 비과세된다.

연금저축보험(적격연금보험)을 택할 것인가, 아니면 비적격연금보험을 택할 것인가 하는 문제는 가입자의 소득, 납입액, 가입기간, 수령방법에 따라 수혜액이 달라지기 때문에 어느 쪽이 더 낫다고 일률적으로 말하기는 어렵다. 결국 자신의 재무상황과 자금계획에 맞게 사전 점검을 충분히 하고 가입하는 것이 좋다.

11) 변액보험

Q 앞에서 살펴봤던대로 평균 수명이 길어지면서 노후 대비를 위해 연금에 가입하는 사람들이 많다. 그 중 하나로 변액연금보험이 인기를 끌고 있는데 특별한 이유가 있나?

A 최근 빈곤한 노인층이 사회적인 문제가 되면서 은퇴를 준비할 수 있는 연금 상품이 인기가 있다. 과거에는 공시이율로 부리되는 저축성 연금 상품이 인기가 있었는데, 저금리 상황이 지속되면서 펀드에 투자할 수 있는 변액상품이 인기를 끌고 있다.

특히 변액연금보험의 경우에는 은퇴를 준비하는데 있어 가입시점의 경험생명표를 사용하기 때문에, 다른 변액상품에 비해 연금으로 활용하기 용이하다. 또한 10년 이상 유지시 보험차익 비과세 혜택과, 종신 연금을 수령할 수 있다는 점도 인기를 끄는 한 요인으로 보인다.

Q 목표수익 당성 시 원금의 200%를 보장하는 변액연금 보험도 출시됐다고 하는데,. 변액 연금보험의 수익률이 높은 이유는 무엇인가?

A 정확히 얘기하면 원금의 200%를 보장한다고 해서 수익률이 높은 것은 아니다. 이는 투자 기간이 장기간이기 때문이다. 즉, 원금을 일정이상 보장해주는 것이 소비사 입징에서는 나쁠 것은 없지만, 물가상승률을 감안할 때 10~20

년 지난후에 원금의 100~200% 보장해주는 것은 그다지 매력적이지는 않다.

예를 들어, 은행의 정기예금에 100이라는 돈을 가입한다고 했을 때, 연 3%의 이자만 받더라도 20년 후에는 180%가 넘는 돈을 받을 수 있다. 오히려 원금의 일정 이상을 보장하기 위해서, 보험사에서는 최소 거치기간을 설정해놓거나 원금보장을 위한 보증수수료를 1년에 적립금의 0.5% 정도 차감하는 것이 일반적이다. 따라서 원금의 일부 이상을 보장한다고 해서 반드시 소비자에게 유리하지만은 않다는 점을 알아야 한다.

Q 변액연금보험은 투자가 어떻게 이루어지는가?

A 변액연금보험은 일반금리형 연금보험과 달리 특별계정을 통해 운영되며, 안정적인 채권형 펀드부터 공격적인 주식형 펀드까지 납입비율을 조절하여 투자할 수 있지만, 채권형 펀드 비율을 50% 정도 유지하게 하여 안정적인 수익률을 유도하는 것이 일반적이다.

Q 변액연금보험과 달리 변액유니버셜 보험의 경우 공격적 투자로 수익률이 높게 나올 수 있는 대신, 리스크도 높은 것으로 알려져있다. 변액보험은 안정성이 있는지, 수익률이 마이너스가 되더라도 원금 보장이 되는 건지 궁금하다.

A 변액보험에는 채권형 펀드부터 주식형 펀드, 최근에는 해외 펀드나 원자재 펀드까지 다양하게 편입이 되어 있다. 즉, 이러한 펀드를 편입하여 투자할 경

우 기대 수익률도 높겠지만, 위험 또한 높을 것이다.

다만, 변액보험 특성상 단기적인 투자 상품이 아닌, 장기적인 상품이므로 위험이 높은 펀드에 장기간 투자할 경우에는 금리보다 높은 수익을 기대할 수 있으므로 가입 초기에는 주식형 펀드 위주로 포트폴리오를 구성하다 만기가 다가올수록 안정적인 펀드로 전환하는 것이 좋다.

변액유니버셜보험의 경우에는 일반적으로 원금을 보장하지는 않지만, 최근 원금의 80% 정도까지 보장하는 옵션이 나와 있으며, 변액연금보험의 경우에는 납입 기간이 끝난 후 최소 거치기간(일반적으로 5~10년)을 채우면 원금의 100~200%를 보장해주는 것이 일반적이다. 다만, 펀드의 포트폴리오는 변액연금보험이 변액유니버셜보험에 비해 보수적이므로 기대수익률이 떨어지는 단점이 있다.

Q 변액보험 상품에 대충 가입했다가는 수익을 떨어뜨릴 수 있을 것 같으므로 가입을 고려해야할 사항 몇 가지를 짚어봤으면 좋겠다. 먼저, 장기보험이지만 기본납입을 짧게 하는 게 좋다고 하던데, 사실인가?

A 납기를 짧게 하는 것이 좋다는 인식은 사업비적인 측면에서 기인한다. . 일반적으로 납기를 짧게 할 경우 전체 사업비가 낮아지는 장점이 있어, 소비자 입장에서는 똑같은 돈을 납입하더라도 더 많은 돈이 펀드에 투여되어 원금이 높게 잡히는 이점은 있다.

다만, 사업비가 적다고 해서 무조건 소비자에게 유리하지만은 않다라는 사실이다. 주식형 펀드의 경우를 예를 들어보면, 가장 보수가 낮은 인덱스펀드도 있지만, 상대적으로 보수가 높은 성장주식형과 같은 액티브 펀드도 있고, 아예 성과 중 일부를 수수료로 가져가는 헤지펀드도 있다.

이처럼 변액보험도 각각 사업비도 다르고, 펀드 구성도 다르고, 성과도 다르니 자신에게 맞는 상품을 꼼꼼히 고르는 것이 필요하다.

Ⓠ 흔히들 든든한 노후를 위해서는 보험료를 많이 납입 하는 게 좋다고 생각하는데, 보험료를 많이 설정하지 말고, 추가 납입을 활용하는 게 유리하다는 말이 있다. 어떤 이유가 있을까?

Ⓐ 추가 납입을 활용하라고 조언하는 이유도 역시 사업비적인 측면에서 기인한다. 일반적으로 변액연금보험의 경우 최초 설정되는 보험료는 보험료 기준으로 10년간 10~15% 내외의 사업비가 책정되어 있지만, 추가 납입 보험료의 경우에는 1~2% 정도의 사업비가 책정되어 있다. 따라서 추가 납입을 활용하는 것이 사업비를 줄이는 측면에서는 도움이 된다.

하지만, 실제로 추가 납입을 적극적으로 활용하는 분은 현장 경험상 그다지 많지 않다. 처음에는 매월 꼬박꼬박 납입해야겠다고 생각하다가도 번거로움 때문에 추가납입을 빼먹는 경우가 많은데, 이 경우에는 정작 마련해야할 은퇴 자금을 못 만드는 상황이 발생할 수도 있다.

따라서 자신이 불입할 수 있는 금액을 보험료로 잡되, 향후 목돈이 발생하였는데 은퇴 자금으로 활용하고자 할 때 추가납입을 하는 것이 바람직해 보인다.

Q 변액 보험 상품은 어떻게 고르는 게 좋은가?

A 일단, 보험사의 안정성, 상품적 장점, 본인의 투자 성향이라는 3가지 측면에서 선택하는 것이 좋다. 과거 일부 생명보험사나 손해보험사가 부실한 경영으로 인해 타 보험사로 인수합병되는 일이 있었다. 물론 인수합병되었다고 해서 기존 가입자들이 손해를 보는 것은 아니었지만, 향후에도 그렇게 되리라는 보장은 없기 때문에 아무래도 재무건전성이 검증되어있는 보험사를 선택하는 것이 유리할 것으로 보인다.

또한 상품적 장점에 대해 잘 고려해서 상품을 골라야 한다. 무엇보다 변액보험은 투자 상품인만큼 펀드 구성이 중요하다. 따라서 검증되어 있는 자산운용사가 운용하는 펀드가 있는지, 그리고 가입자의 성향에 맞는 펀드가 있는지를 꼼꼼하게 따져보고 선택하는 것이 바람직하다.

Q 변액연금보험은 상품의 특성상 오랜 기간 투자를 할수록 안정적인 수익이 나오기 때문에, 예비 은퇴자들이 가입하기에는 적절하지 않다는 시각도 있는데?

A 변액연금보험의 경우에는 적립식도 있지만, 거치형태의 일시납도 있다. 적립 시이 경우 일반적으로 10년 이상은 되어야 연금 전환이 가능하기 때문에 예

비 은퇴자들에게 적합하지 않지만, 일시납 형태의 변액연금보험은 가입후 7년 정도가 지나면 원금이 보장되면서 투자 수익을 포함하여 연금으로 전환이 가능하므로 예비 은퇴자가 선택하기 좋을 것이다.

물론, 지금 당장 연금이 필요한 경우에는 변액연금보험을 선택하기보다 가입한 후 다음달부터 연금을 지급받는 즉시형 연금이 유리할 것이다.

Q 일반적으로 보험은 가입 이후 보험료만 잘 내면 된다고 생각하는데, 변액보험은 지적인 관리가 필요하다고 한다. 가입자들이 어떤 점에 관심을 기울여야 할까?

A 일반 연금보험의 경우에는 금리로 부리가 되기 때문에 가입자가 크게 신경쓸 필요가 없지만, 변액보험은 실적형인 관계로 보다 많은 관심이 필요하다. 무엇보다 펀드 변경에 신경을 써야 하는데, 앞서 설명했던바와 같이 변액보험은 안정형부터 공격형까지 펀드 형태가 다양하다. 따라서 가입 초기에는 주식형 펀드 위주의 펀드 구성으로 기대 수익률을 높이는 전략이 필요하지만, 연금 지급 시기가 다가올수록 채권형 펀드 위주의 안정적인 포트폴리오로 전환시켜주는 것이 필요하다.

따라서 이러한 부분을 잘 관리해줄 수 있는 관리자를 만나는 것이 무엇보다 중요하고, 경우에 따라서는 일정 기간마다 펀드 비중을 조절하는 자동재배분 기능을 활용하거나 가입초기에 공격적으로 투자하다 점점 채권비중을 늘려가는 라이프사이클 펀드를 활용하는 것도 좋다.

Q 생활을 하다보면, 급한 일이 생기기도 해서 해약을 고려하게 되기도 하는데,. 변액연금의 경우 해약에 따른 리스크가 어떻게 되나?

A 중도에 해약을 하게 되면, 변액연금보험의 기능 중 하나인 원금 보장이 되지 않는다. 더군다나 가입 후 10년까지는 신계약비 형태의 사업비가 차감이 되므로, 일반적으로 변액연금보험에 가입하여 원금에 도달하는 기간은 가입 후 3~5년 정도인 것이 일반적이다.

따라서 조기에 해약을 하게 되면 소비자에게 불리한 것이 사실이다. 다만, 10년 이상 장기로 유지하고, 꾸준히 투자할 경우 본인의 연금자금으로 활용하기에는 가장 효과적이므로 자신의 현금흐름을 고려하여 꾸준히 투자할 수 있는 금액만큼 가입하는 것이 좋다.

또한 어쩔 수 없이 해약을 해야할 상황이라 하더라도 중도인출, 약관대출, 납입 중지 등의 기능을 활용한다면 긴급상황에 대비할 수 있으므로 참고하면 도움이 될 것이다.

Q 변액연금은 통상적으로 연금 개시 전까지만 펀드를 운용해주고, 연금을 받기 시작하면 공시이율을 적용한다고 하는데, 연금은 어떻게 받게 되나? 만일, 연금 개시 전에 사망할 경우는 어떻게 달라지는지?

A 일반적으로 변액연금은 특별계정으로 운영되다 연금을 개시하게 되면 일반계정으로 적립금이 넘어와 연금을 지급하게 된다. 이때 공시이율을 적용하게

되는데, 가입시 최저 보증 이율을 설정해놓는 것이 일반적이다.

연금 형태는 종신토록 받는 종신형과 일정 기간 받는 확정형, 연금을 지급받으면서 피보험자 사망시 보험금을 받는 상속형으로 나뉘는데, 종신형의 경우에는 부부가 모두 사망할 때까지 연금을 받는 부부형이 있으니, 되도록 이를 선택하는 것이 바람직하다. 또한 최근에는 이러한 형태외에 특별계정에서 그대로 연금재원을 두면서 매월 일정액을 지급받는 실적형도 있다.

만약 연금 개시전에 피보험자가 사망하게 되면, 일반적으로 기납입보험료를 사망보험금으로 지급받고 계약은 해지가 된다.

Q 최근 변액보험 약관 대출을 놓고 계약자와 보험사 간에 다툼이 있었는데, 어떤 배경이 있었나?

A 약관대출을 받고 상환할 때 적용하는 기준가에 대한 부분 때문에 분쟁이 있었다. 2008년 6월 이전에 판매한 변액보험은 가입자가 약관대출을 받은 이후 상환할 때, 기준가를 전날 종가를 기준으로 결정하도록 규정이 되어 있었다. 따라서 보험 가입자가 약관대출을 받은 이후 주가가 크게 오르는 날 상환하게 되면, 전날 종가가 기준가 이므로 상환 당일 주가 급등으로 인한 수익을 챙길 수 있는 구조였다. 이러한 맹점을 이용해서 일부 계약자가 차익을 얻게 되니까 보험사에서 약관 변경을 통해 제동을 건 것이다.

상품 약관상의 맹점으로 인해 그동안 수익을 봐왔던 계약자들은 아쉽겠지만,

이러한 편법적인 차익은 결국 다수의 계약자들에 피해로 돌아올 수 있다는 점에서 수정되는 것이 맞다고 볼 수 있다.

12) 어린이 보험의 선택

Q 최근 들어 신종 플루와 같은 새로운 질병들이 속출하는 것 같다. 부모 입장에서 보면 아이들의 건강문제만큼 걱정이 되는 문제가 없는데 자녀의 의료비 문제를 해결하기 위해 꼭 들어야 하는 보험이 어린이 보험인 것 같다.

A 그렇다. 요즘 신종 플루니 뭐니 해서 부모들의 걱정이 이만 저만이 아닌데 아이들이 질병에 걸리거나 다쳐서 병원에서 치료를 받을 경우, 중대한 질병에 걸려서 질병진단을 받을 경우, 장애상태가 될 경우에 대한 대비책으로 어린이보험을 선택할 수 있다.

최근에는 아이들도 소아암과 같은 중대한 질병에 걸리는 경우가 증가하고 있고, 이 경우 엄청난 치료비가 필요하기 때문에 이에 대한 대책을 준비해야 하는데 바로 보험사들이 내놓고 있는 어린이 보험이나 어린이 CI보험을 고려할 만 하다.

Q 이전에도 어린이보험은 있었는데 어린이보험과 어린이 CI보험이 다른 점이 있나?

A 기존의 어린이보험은 소아암(주로 백혈병)과 질병 및 상해로 인한 병원치료비정도를 보장해주는 것이 주요내용이었다면 어린이CI(Critical Illness)보험은 어린이에게 많이 발생하는 10대 CI를 선별하여 집중적으로 보장한다. 여기서 10대 CI란? 다발성 소아암(백혈병, 뇌/중추신경계암,악성림프종), 다발성 소아암 이외의 암, 중증 화상 및 부식, 3대장애(시각장애/청각장애/언어장애), 양성뇌종양, 조혈모세포이식시술, 말기신부전증, 장기이식수술, 심장합병증을 동반한 가와사키병, 판막손상을 동반한 류마디스열을 밀한다.

Q 신종 플루와 같이 새로운 질병이 나왔을 때 우리 아이가 병원에 입원해서 치료를 받을 경우 보장받을 수 있나?

A 당연히 보장받을 수 있다. 10대 CI뿐만 아니라 후유장해, 폭력피해, 유괴사고, 정신피해는 물론 질병, 상해, 암, 골절, 화상, 배상책임까지 어린 자녀가 성장하면서 필요한 다양한 질병 및 상해로 인해 병원을 찾는 경우를 모두 보장한다고 보면 된다. 그러니 당연히 신종플루로 병원을 찾는 경우에도 보상을 받을 수 있다.

Q 노산이 늘면서 자녀가 태어나자마자 인큐베이터에 들어가는 등의 사례가 늘어가고 있는데, 이와 관련해서 보장받을 수 있는 방법은 있나?

A 자녀가 태아 때부터 가입할 수 있는 것이 바로 태아 보험이다. 태아 보험과 어린이 보험은 자녀가 태아 때부터 청소년기까지 가입이 가능한 보험 상품이다. 요즘 예비 부모들의 필수 선택이라고 하는 태아 보험은 어린이보험의 피보험자가 아직 태아인 경우에 가입할 수 있는 보험으로, 출산시의 저체중이나 선천적 기형 등을 보장해주는 상품이다.

생명보험의 경우 보통 임신 16주인 4개월 이후부터 보험가입을 받고 있으며, 늦어도 22주 내외까지 가입하는 것이 좋다. 손해보험의 경우 임신의 확인되는 순간부터 22주 내외의 기간까지 태아특약을 추가하여 가입할 수 있다. 보통 임신 주기를 40주로 봤을 경우 제대로 된 보장을 받으려면, 90일 전인 27주 전까지는 보험과 관련된 모든 계약을 마무리하는 것이 좋다.

Q 태아 보험 가입시 보상 사례에 대해 예를 든다면?

A 30살 이모씨가 임신 28주만에 갑작스런 진통으로 분만해 695g의 미숙아를 출산했다. 이 때에는 아내와 같이 보상을 받을 수 있다.

보 장 내 용	가입금액	보상내용
저체중 육아비용	5만원	300만원
신생아입원급여금	1만원	73만원
질병입원급여금(1일이상)	2만원	152만원
질병입원 의료비	3천만원	500만원
총 보상 금액		1,025만원

Q 어린이보험의 보장기간이 끝나면 어른들이 가입하는 보험으로 전환할 수 있다던데?

A 최근 출시되는 어린이CI보험의 경우는 계약의 만기시점(15세, 18세, 20세)에서 만기환급금의 일부금액을 보험료로 하여 성인들의 질병 및 상해에 대한 보장을 해주는 계약으로 전환할 수 있고, 최고 80세까지 보장받을 수 있다.

또한 보험 상품에 따라 계약을 2년 이상 유지하였을 때, 적립금을 중도인출할 수 있거나, 1건의 계약으로 아이가 생길 때마다 최고 3명까지 태어날 태아의 피보험자 등재가 가능하니 참고하면 좋겠다.

Q 요즘은 아이의 치아를 보장하는 내용도 포함된 어린이 보험이 있다고 하던데?

A 어린 아이들은 사물에 대한 인지능력이 떨어지다 보니 쉽게 넘어지거나 다쳐서 치아에 손상을 입는 경우가 많다. 치아에 대한 손상은 아이가 자전거를 타다가 혹은 놀이터에서 넘어져서 치아가 부러질 수도 있고, 아이스크림이나 단단한 음식을 먹다가 이빨이 부러지거나 흔들리기도 하고 심한 경우는 이빨이 통째로 빠지는 경우 등 다양하다.

이런 경우 보장해주는 보험이 최근에 출시되었는데 한 손해보험사의 어린이 보험은 치아파절시 골절진단비 10만원을 보장해주고 있다. 또한 생명보험사가 내놓은 치아보장특약을 선택하면 아이가 영구치를 상실하게 되는 경우 영구치 상실 1개당 10만원을 보장해준다.

어린아이들의 경우 영구치발치나 치아파절 등의 위험에 빈번하게 노출되어 있기 때문에 치아보장관련 특약을 선택하는 것은 필수사항이라 할 수 있다.

생명보험의 치아보장특약	손해보험의 치아파절특약
영구치 손상시 1개당 10만원 보장	치아파절시 골절진단금 10만원 보장

Q 어린이보험 선택시 주의 사항은..?

A 첫째, 보장시기를 꼼꼼하게 살펴보라. 어린이보험의 보장기간은 청소년시기까지 혜택이 주어지는 상품이 좋다. 청소년기까지도 각종 안전사고에 노출되어 있으며 또한 유괴, 납치, 왕따 등 사회문제로 떠오르고 있는 학원폭력 및 강력범죄까지 보장을 해주기 때문에 청소년기에도 여러모로 활용도가 높다.

둘째, 의료비보장이 충실한 상품으로 선택하라. 특히 입원치료시 병원비가 90%가 실손으로 지원되는 특약은 반드시 있어야 한다. 또한 가입 시 상해, 질병통원비가 포함되도록 해야하며, 중대한 질환에 대한 진단금이 높게 책정되어 있는 상품을 선택해야 나중에 큰 병에 드는 고액의 치료비에 대한 부담을 줄일 수 있다.

셋째, 배상책임에 대한 보장도 선택하라. 어린이보험에서 배상책임이란 타인에게 끼친 손해에 대한 보상을 해주는 것이다. 어린아이들은 인지능력이 많이 발달하지 않았기 때문에 의도치 않게 우연히 타인의 신체나 재물에 손해를 끼치는 경우가 있을 수 있다. 배상책임내용은 손해보험사의 어린이보험

상품이라면 반드시 포함되어 있다. 그러나 보장의 크기가 다를 수 있고 자기부담금조항에 차이가 있으므로 꼼꼼하게 비교해서 따져보고 가입해야한다.

넷째, 만기환급률은 높지 않게 설정하라. 보험에서 만기환급금이란 당장 수령하는 자금이 아니라 만기에 수령하는 자금이다. 하지만 만기환급률이 높을수록 보험료는 비싸지고, 순수보장형인 경우 보험료는 훨씬 저렴해질 수 있다. 특히 가입해야할 자녀가 여러 명이어서 보험료가 부담되는 경우, 보장을 줄여서 보험료를 줄이는 대신에 순수보장형으로 가입하여 보장강도는 유지하도록 하는 것이 아이를 위한 현명한 선택이 된다.

백정선과 손우철이 제안하는

행복한 부자되기

초판 1쇄 발행 2010년 12월 13일
초판 2쇄 발행 2012년 8월 10일

지 은 이 백정선 · 손우철
발 행 인 방은순
펴 낸 곳 도서출판 프로방스
북디자인 Design Didot 디자인디도
마 케 팅 최문섭

주   소 경기도 고양시 일산동구 백석2동 1330번지
          브라운스톤일산 102동 913호
전   화 031-925-5366, 5367
팩   스 031-925-5368
E - mail Provence70@naver.com
등록번호 제313-제10-1975호
등   록 2009년 6월 9일
I S B N 978-89-89239-53-6 03320

값 15,000원
파본은 구입하신 본사에서 교환해드립니다.